在時間隙縫裡的親子旅行

在時間隙縫裡的親子旅行

蕭裕奇 著

溫馨推薦

車站，老街，書店，步道，蕭裕奇以一種特殊的視角，串起親子兩代的旅遊時光。我們幾乎能看見，深情款款的父親，牽著孩子的手，在島嶼角落遊逛，一面迫不及待分享他對土地、人情、歷史、美景的濃厚愛戀，這些浮光篇章，人文紀事，堆砌為輕鬆寫意的家庭旅遊相簿，也是親子同享的記憶地圖。

——**黃哲斌**（資深媒體人．作家）

讀著字，羨慕著這位父親，嘴角輕微地上揚著，這是我盼望期待也努力執行中的事情呀。因為我同樣感受著，當孩子誕生後給予我的新生，重新認識這個世界，也反省幾近定型的自己。所以我們從孩子三個月大起實踐生活中的旅行，在島內移動，美濃田間採集；也在富士山下散步，威尼斯市場買菜，把時間跟金錢統統給了旅行，把感動與記憶存給自己。

這是一種感性勝過理性的決定，非關收入高低與忙碌空閒的選擇性。而是願意不願意調整世俗許久的心態與情緒，跟著老天賜予降下的天使們學習，學習放慢腳步體驗生活，學習幼稚天真看待世事，學習享受當下盡情玩樂，在他們都還沒成為大人的時刻。

——**游智維**（風尚旅行社總經理）

最近有位讀者問我，如果孩子的童年可以重來，如果我可以再有機會當一次小學生的母親，我會希望怎麼做？這是個永難實現、卻非常有意思的好問題，時光不能返回，我那兩個已經上了高中的大孩子們，只能就此展開邁向大人的路程，因此，這位讀者想尋問的，是「過來人」沉澱過後的反思。

我毫無猶豫地回答他，如果時光能倒流，我要帶孩子們去旅行更多更多，我要看到他們旅途上綻放更多更多的笑容，我要帶他們一起去環島，透過大眾運輸工具緩慢地移動，全家人共同感受台灣風景與人文之美。這樣的親情回憶，就是我心中最無悔的童年。

閱讀這本《在時間隙縫裡的親子旅行》，彷彿已跟著棋子先生的腳步，搭上電聯車，在北方的三貂嶺，或是東部的蘇花，呼吸森林和海洋交融的大自然氣息。他們一家人透過旅行，不僅認識許多台灣的美麗鄉鎮，也在彼此的心中累疊了永生難忘的回憶，這本書也可以視之為實用旅行指南，沒有一個孩子不渴愛親子旅行，就帶著這本書，瀟灑地上路吧。

——**番紅花**（作家）

序曲

在時間隙縫裡，親子旅行不可承受之輕

歌德曾經說過：我們的生活就像旅行，思想是導遊者，沒有導遊者，一切都會停止，目標會喪失，力量也會化為烏有。

旅行對我的啟蒙不算太早，也從未想過會在往後的人生中，佔有一席之地。我印象中，人生的第一次真正自助旅行，是當兵快結束時；當時對當兵後即將到來的人生十分迷惘，於是決定獨自去台灣中南部旅行一個星期。彼時，我還未出國旅行過，可那一次獨自的台灣旅行，彷彿打開了什麼似的。

沒有那次的台灣孤獨旅行，我想也不會有後來獨自去國外自助旅行的我，那顆因為旅行而在心中發芽的種子，開始隨著人生，不斷地在心中越長越大，漸漸打開了自己孤獨又自卑的心。那時候，自己就是全世界，無需對他人負責，只要讓自己的思想帶領，面對世界，面對自我，自以為那就有強大的力量。

旅行逐漸成了人生的必要之重，我也開始在思考，自己為何要旅行？是否透過旅行在找尋什麼？後來因為與台東和京都的緣分，進而迷戀，並幸運地把自己對這兩個地方的觀察與旅行經驗，出版成一本本旅行書籍——《緩慢。台東。旅》、

《癒。旅。京都》、《寂靜。京都。台東》；緩慢、安靜、療癒這些旅行的關鍵字，在自己的旅行模式中，都曾經相當重要。

然而，自己的人生階段與課題，並未因為旅行而停滯，我步入了婚姻，甚至有了孩子，自以為用旅行建構的強大力量與地圖，也開始因為家人而有了改變。我的孩子對交通工具十分著迷，在他的世界中，交通工具就是全世界。幼時，只要一帶他坐上捷運、巴士、火車，他怎麼樣也不肯下車，他會因為坐不到自己要坐的車子而情緒失控，我們無法安排旅行目的地，因為在車上的時光就像是時間的長廊，只有這樣才能撫慰他，後來我因為這樣的孩子，出版了《追尋電車男孩的光》一書。

孩子用這樣的方式重重打了我一巴掌，告訴我什麼才是旅行的意義？卻也這樣打開了一扇我從未打開過的窗戶，在那裡，我看到了人生中沒有見過的風景；因為孩子，我開始在時間的隙縫裡尋找旅行，帶著孩子搭上他所愛的交通工具，沒有時間的負擔，開始在自己居住的城市和台灣各地晃蕩。

我對於老時光與老東西很著迷，所以一邊配合孩子喜愛的交通工具，一邊發展出了一套同時能滿足彼此需求的旅行覽圖，搭著各種交通工具，捷運、公車、火車等，去找尋那些在台灣各角落的老時光、老車站、老建築、老街等。一開始，孩子只喜歡坐車，並不喜歡這些老東西，甚至抗拒，但生命是會彼此渲染的，我因為孩子而改變了自己的旅行方式，孩子似乎也漸漸因為常常接觸這些老時光，慢慢有了改變。歷史時間的長流、親子的磨合時間、搭乘交通工具的時間，全都交合在一起了。

很多喜愛旅行的人，都會嫌小孩很麻煩，因為再也無法無拘無束，再也無法隨心所欲；以前的我也是這麼認為，但生命會不斷成長和探索，當我在一次次旅行中，和孩子拉扯磨合，為了孩子安排一趟趟交通工具旅行，因為這些交通工具而發現了自己從未發現過的事物，都讓我深深地感受到，家人的旅行是一種生命群體的共鳴，我們在時間隙縫中找尋彼此，最終得以尋求到一種共鳴的方式，心靈開始在旅途中歌唱，那聲音之美妙，超越了從前我所認知的一切。

旅行一如生命，真正的自由，不是逃避，而是承擔，當我們承載的生命與重量越重，更能體會到旅行不可承受的輕盈，從單人飛機，到飛行船，超越了自我，心靈也將輕如鴻毛，揮動的翅膀也更有力量。

這本書，正是我們一家人在彼此的時間隙縫裡，窺探生命與時間，漫遊台灣的旅行地圖。

親子台北旅途。舊時光漫步

台灣老街的想像

親子繪本與書店漫步

孩子。一起去環島吧

走自己的路

TRAIN TRIP

親子的軌道隙縫

北台灣鐵道

Family Trip

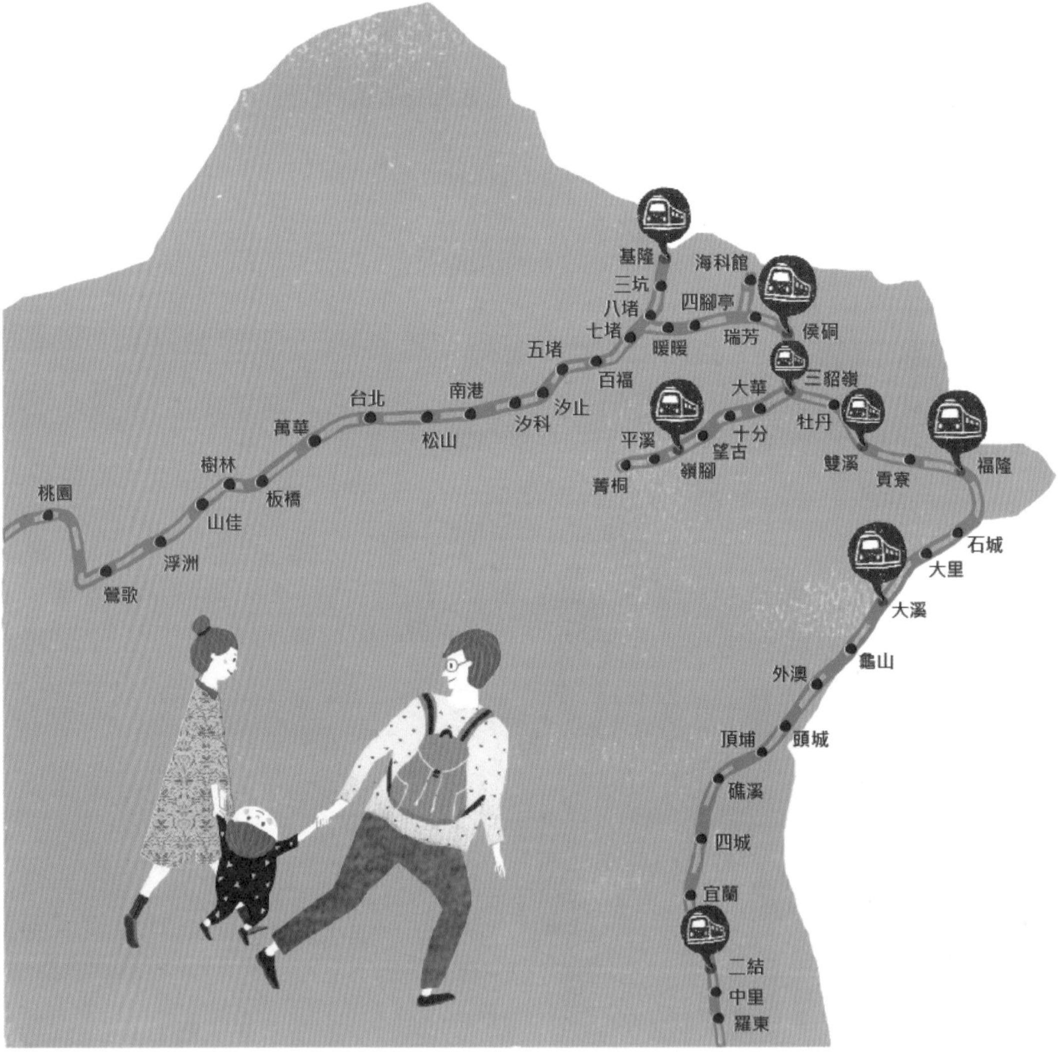
基隆
海科館
三坑
八堵
四腳亭
七堵
暖暖
瑞芳
侯硐
五堵
百福
三貂嶺
大華
台北
南港
汐止
平溪
十分
牡丹
萬華
松山
汐科
望古
雙溪
福隆
樹林
嶺腳
貢寮
菁桐
桃園
板橋
山佳
石城
浮洲
大里
鶯歌
大溪
龜山
外澳
頂埔
頭城
礁溪
四城
宜蘭
二結
中里
羅東

基隆

斑駁詩意。不是悲情的雨都

十多年沒到基隆，這回前往，黃色小鴨的熱潮剛過，往基隆的電車上幾乎空蕩蕩的，很舒服，洋洋坐得很開心。到基隆，總是可以坐到最新型的電聯車，不論是微笑號或阿福號，孩子都很喜歡。

經過七堵站，看到很多火車，洋很開心，一直叫著它們。到了基隆車站，看到月台上的鴿子正在閒話家常、互相傾訴。

一出車站，就看到美麗的老建築——海港大樓；這座歷史建築，已經有八十歲了。

今天的陽光讓「雨都」的美名暫時休息，吹過來的風有海的味道。我們漫無目的地在碼頭和港邊閒晃。

老婆說她第一次到基隆，沒想到基隆有山有海有人文，好美。我也一直覺得基隆是個充滿歷史人文氣息的地方，這裡可是日治時代不遺餘力開發的地方呀，只是後來被政府當棄嬰般地不加理會，變成了大家印象中的悲情城市。

在火車站附近晃晃，走過了看似雜亂卻庶民味十足的街道，電線杆、路邊攤，

INFORMATION

交通　搭乘台鐵電聯車往基隆，在基隆站下車。

推薦　雨都基隆總帶著悲情城市的味道，但其歷史與文化氣息，雖然看似凌亂斑駁，卻有著最台灣的詩意。

1 日治時期就很重要的基隆港　2 開往基隆的阿福號　3 極具蔡明亮電影風格的天橋

雜亂地林立著，卻有著最台灣的模樣。

走上了基隆車站上方曾經坍塌、頗有蔡明亮電影風格的奇異天橋，迴廊裡，光罩透著連綿不斷的光線，彷彿是要走進另一個世界。

火車站附近的許多轉彎和巷弄，看似殘破骯髒，卻又帶著詩意。老婆說這裡的地上到處都有痰和口水，留下了文明未滿的意象。我們吃了路上的幾攤美味小吃，打發了午餐。

在去搭火車之前，我們乘坐了洋一直吵著要坐的基隆公車，漫無目的地晃蕩。

久違之後的基隆小旅行，我們感嘆基隆的百年孤寂，卻又一次次看見任何地方都沒有的美。

三貂嶺車站

時間靜止

多年前，一位台灣導演林見坪，以一部短片「小站」，得到了威尼斯影展短片銀獅獎，那是一部簡單質樸溫暖的短片。

內容敘述一位六十歲的老母親，陪著她遲緩、內向、喜歡看火車的三十五歲兒子，從台北坐火車，來到一個偏遠的火車小站，看著一班班南下、北上的特快車，急駛而過這個不起眼的旅途小站……

這部片拍攝的火車小站，就是三貂嶺車站。於是，我也找一天，特地帶家人來到這個彷彿時間都會靜止的車站晃蕩，感受美麗的溪谷靜靜流動著。曾經坐過北迴線往宜蘭，或是搭乘平溪線的人，可能都曾經聽過三貂嶺站，但是會停留的旅人並不多，除了一些鐵道迷，或是登山客。

假日，往宜蘭的火車幾乎每班都是滿滿的人，不過過了瑞芳和侯硐，就差不多都下光了，好像大部分的旅客都是要去這兩個地方。到了三貂嶺站，下車的人很少，三三兩兩，一下車就感受到從山谷中傳來的微風，好舒爽。三貂嶺車站，是一個一般車子到不了的車站，因為兩側都是山，一邊是山壁，一邊是溪谷，車站

INFORMATION

交通　搭乘台鐵電聯車到三貂嶺站下車。

推薦　這是一座只能搭火車前往的小站。空蕩蕩的車站、美麗的溪谷，以及一列列奔馳而過的火車；在這裡停駐，好像只剩下時間與我們。

火車抵達這遺世獨立的小站

1

3

2

就夾雜在山壁與溪谷中間，宛如山谷裡的秘境。

其實，過去三貂嶺也曾因為煤礦而有不少人口，但如今都已成歷史，只剩下車站附近殘破的屋瓦，和已經封閉的隧道。一旁的溪谷與山林，在炎熱的天氣裡，顯得相當涼爽舒服。

這個彷彿讓時間靜止的靜謐小站，像是被遺忘在山谷中，美麗的溪流靜靜地流動著。洋開心地看著火車一輛輛穿越而過，好像把什麼帶走了，卻也什麼都沒帶走；山谷的風徐徐吹著，留下了時間和我們。

1 遠眺火車奔馳在山谷中　2 普悠瑪號穿過三貂嶺美麗的鐵道弧線　3 孩子奔跑在小站的隙縫間

福隆車站

秋日海灘的一天

天氣令人難以捉摸的秋日裡，搭火車旅行的心情並沒有因此被打壞。洋最近一直很想坐復興號，但現在復興號的班次極少，只好跟他約定先坐好久沒坐的莒光號。在台灣服役快五十年的莒光號，曾經意氣風發地馳騁在台灣的鐵道史上，如今也開始老舊，逐漸退下舞台。

秋天前往福隆的人很多，原來正是去草嶺古道的好季節呀！明明秋老虎還很兇，熱得半死，往福隆的莒光號裡，竟也滿滿的人。火車離開福隆之後，接著就要進入宜蘭；我喜歡在福隆站月台看著列車繼續往宜蘭前行的模樣——列車緩緩離開，奔入前方的群山之中，過了群山，就是大海了。

出了福隆火車站，果然人山人海，全都是要騎車去舊草嶺的人潮。火車站前那家鄉野福隆便當，排隊的人龍長到不行，而每家腳踏車店的生意也一樣興隆。

我們離開了人潮，往福隆海邊走去，洋思思念念的就是可以到福隆的沙灘玩耍。越往海邊，人就越少，看來這個季節大家都去騎單車或爬山了，海灘的人顯得稀落許多。然而，有陽光、有微風，這不正是前往沙灘最好的季節嗎？我們再

INFORMATION

交通　搭乘火車到福隆站下車。

推薦　搭乘已經有些歲數的莒光號前往福隆，美味的福隆便當、舊草嶺古道，或是秋日靜謐的沙灘，都是好選擇。

準備繼續穿越群山、往海奔馳

1 很多人喜歡到此戲水的福隆海灘　2 福隆車站　3 總是在海邊玩得不亦樂乎的孩子

也不必閃躲太陽，可以大辣辣地在沙灘上玩耍。

整個福隆沙灘幾乎都沒人，東北季風吹拂著，還帶著點陽光，實在舒服慵懶。洋早在沙灘上玩了起來，看起來非常愉快。

只是帶孩子來這裡玩耍，卻一直看到沙灘遠方的巨大核電廠，好像一個怪物般，非常刺眼。我真心希望有一天，我們台灣美麗的風景中，不會再有這些隨時可能把人吞噬的怪物出現；希望我們的孩子有機會等到這一天。

不跟隨人潮，不趕流行，走自己喜歡的路，一直是我和家人旅行時，可以得到靜謐與幸福的秘訣；這次的福隆秋季沙灘玩耍，雖然咫尺之遙就是聚集的人潮，但我們依舊可以用自己的方式，找到旅行的美好，這才是我們旅行的意義。

雙溪站

隱沒在山中的小城

許多人搭北迴線，大多是到瑞芳站、侯硐站、福隆站等地遊玩，對於沿線其他各站的興趣度相對低了很多，而我們往往在許多沒人下車的小站，享受了美好的親子小旅行時光。

來到雙溪站，也沒有像四腳亭、三貂嶺、牡丹等站那樣冷清，仍有一些人會選擇在這裡下車，後來從雙溪站的導覽資訊中得知，雙溪這幾年開始推動減碳的生態旅行，鼓勵騎單車漫遊。

雙溪也曾經頗為繁榮，不過現在的雙溪街上，已經看不到什麼老房子，都是後來蓋的房子。偶然在一個轉角處，發現了一間百年打鐵店，但看來已經沒在營業，很可惜。再往前走，不知道為何，感覺人多了起來，原來是有很多人在一家賣冰豆花的店門前排隊，果然夏日大家還是最愛這味。那間店叫作蔡家豆花，旁邊是一間雙溪知名的廟宇，叫三忠廟，祭祀文天祥等；這間廟當天剛好有活動，也聚集了不少人。

三忠廟旁就是溪谷，應該也是基隆河的上游，從這裡可以看到火車經過純樸的

INFORMATION

交通　搭乘火車到雙溪站下車。

推薦　很適合沒有目的的遊逛。雙溪頗有歷史，也有不少老店家，是個位在溪邊的純樸小鎮，火車時而緩緩經過，恬靜自然。

1 悠蕩在田野間的小鎮　2 雙溪小鎮的靜謐時光

1 火車緩緩經過雙溪小鎮　2 百年打鐵店　3 路邊的雜貨店

雙溪人家旁；那天剛好看到一輛單節火車頭緩緩駛過，彷彿電影「戀戀風塵」裡的場景。從地圖上，得知這裡有座百年教堂，雖然已改建成新教堂，但仍訴說著百年前即有人在此傳教的歷史。旁邊就是雙溪國小，也是歷史悠久的學校。

從雙溪國小往溪谷的方向看過去，可以感受到這個質樸的小鎮，映照在藍天白雲之下；很喜歡這種台灣小鎮的感覺。

雙溪，這個走過繁華的小鎮，有點觀光化又沒有很多，畢竟來的人其實不多，所以還沒有其他觀光地那麼糟。我蠻喜歡這裡的恬靜，卻也為這裡沒有發展出特色而感到遺憾，但這似乎也是台灣許多可愛小鄉鎮最欠缺也最需要努力的地方。

侯硐站

不是為了貓

侯硐是很多人會造訪的小站，而且大部分都是因為貓村。然而，看到人滿為患、還有粗糙的貓村觀光設計，就很難吸引我們下車。當然，只是為了坐車的洋，更不會想那麼多。

每次經過侯硐，最有印象的，其實是那座荒廢的瑞三煤礦巨大廠房。這裡曾經有台灣產量最大的煤礦，當時這座選煤場的設備也是台灣首屈一指的，我私心覺得這才是侯硐最有特色的地方啊！而現在，侯硐真的到處都是貓，即使我們沒去貓村，也到處都可以看到貓。

去了侯硐的導覽中心，才發現這裡有許多很吸引人的古道，金字碑古道、小粗坑大粗坑古道等，都是很有歷史的古道。其中，金字碑古道曾經是淡蘭古道的一支，是百年古道。

帶著孩子，雖然無法走遠的步道，但卻就近去了侯硐神社。侯硐有神社，我一點都不驚訝，日治時代這裡的礦產就已經達到鼎盛，有神社是理所當然的。

天氣非常炎熱，但是走在侯硐的溪邊，風吹過來相當舒服，樹下還可以看見貓

INFORMATION

交通　搭乘台鐵電聯車到侯硐站。

推薦　侯硐站最吸引人的就是老煤礦廠房、清澈的河谷，還有周遭許多古步道、侯硐神社等，絕不是只有貓村。

侯硐神社參拜道

1 依山近水的侯硐風情　2 侯硐隨處可見的貓咪　3 侯硐巨大的廢棄煤礦工廠

在休息。這裡是基隆河上游，每次看到基隆河上游這麼清澈美麗的溪流，都難以想像流到都市裡之後竟已污濁不堪。侯硐附近還可以看到很重要的壺穴地形。

我們朝著神社的方向走去，沿途經過了一個橋，橋下是沁涼的溪流，一旁是侯硐的人家，另一旁是火車山洞，藍天白雲相映成趣，極美的小鎮風情。沿著很有味道的石階往上走，沒多久就可以看到侯硐神社，神社的新舊鳥居隱藏在樹林間，與周圍的自然景物融為一體。

我們在步道與森林間怡然自得，臨走前才勉為其難地去了貓村，還有那個貓橋，只是到這裡，人就變得好吵雜，相比之下，往古道或神社這個方向的人真的少很多。台灣人不管到哪裡旅行，總是一窩蜂跟著別人的腳步走。

即將離開時，坐在侯硐的月台上，涼風徐徐，看著偌大的瑞三煤礦廠房，再回頭看看貓村，一個代表著侯硐的歷史文化，一個是後來吸引觀光人潮的亮點，還有附近許多迷人的古道以及溪流；到底來到這裡的人們，真的知道什麼才是真正的侯硐嗎？

嶺腳車站

不足為外人道的秘境瀑布

假日的平溪線總是人滿為患，尤其是沿線的平溪、菁桐、侯硐、十分等站，到處都是人，雖然這些車站也真的很值得一訪，但只要人多，總還是讓人提不起興致。以脫逃人群為目的的我們，來到平溪線，絕對是以最少人的車站為目標，像是之前從未拜訪過的小站——嶺腳車站。

相對於平溪線其他大站，嶺腳車站顯得冷清許多，遺世獨立，悠悠蕩蕩地存在於山腳下；月台上稀落的乘客，等待著不知要等多久的下一班列車。我看到一名老伯在月台上架起畫架，悠閒地畫起了平溪鐵道。在嶺腳車站的月台上，不管是望向平溪或是望古方向的鐵道，都頗有味道，尤其是往望古的方向有個轉彎，火車就像是要往山林裡駛去一般。

離開了小巧靜謐的嶺腳車站，往車站旁的一處秘境瀑布——嶺腳瀑布前進，車站旁有一座荒廢吊橋的遺跡，旁邊有一個介紹看板，寫著關於嶺腳瀑布的桃花源記故事。

嶺腳瀑布本是一個自然休憩區，後來因為天災而封閉，得從一旁的小山路下

INFORMATION

交通　搭乘火車到瑞芳站，再轉搭平溪線到嶺腳車站。

推薦　純樸安靜的小車站、小村莊，恬靜又古老，有不少可看之處，隱密的嶺腳瀑布更是有世外桃源的感覺。

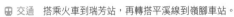

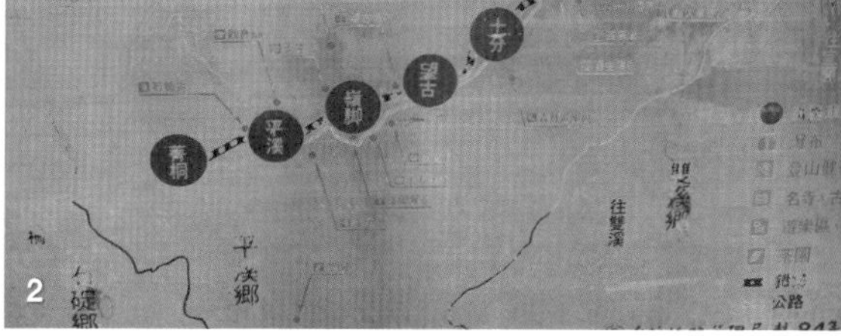

1 有美麗彎道的嶺腳車站　2 平溪支線路線圖　3 開心地在月台上奔跑的孩子

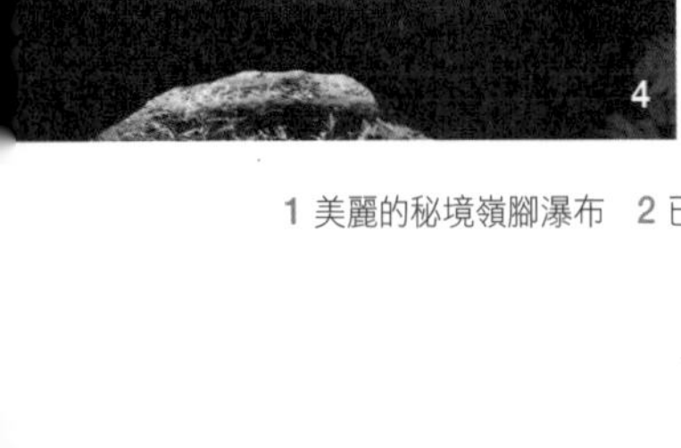

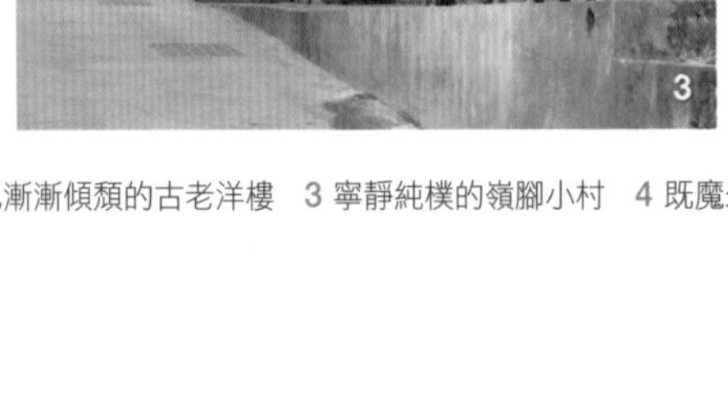

1 美麗的秘境嶺腳瀑布　2 已漸漸傾頹的古老洋樓　3 寧靜純樸的嶺腳小村　4 既魔幻又寫實的山洞與動物雕像

去，不過不到五分鐘就可以下到瀑布。往下走的途中，就可以聽到震耳欲聾的聲音，還在懷疑是什麼聲音時，就已看到前方的嶺腳瀑布。我必須承認，當我第一眼看到瀑布時，有點震驚，因為我沒想到是氣勢如此磅礴的瀑布，狂奔而下的水氣氤氳而至，一股涼意不斷地湧向前，真是暢快。

瀑布旁有許多不知是誰鑿刻出來的石洞，看起來有點詭異，山洞裡還有一些動物雕像，一切都有著魔幻寫實的感覺。

走回附近一個沿著山徑而建的小村，村子另一頭有棟蔡家洋樓，是往昔蔡姓煤礦大戶所建，屋齡有八十年，是一棟非常美麗又保留完整的紅磚洋樓。在平溪，這麼完整典雅的紅磚洋樓，應該算是首屈一指了，也可以想見當時蔡家財力的雄厚。洋樓前方有一棵身形優雅的巨大楓樹，年紀也很大了，翠綠色的楓葉閃爍在陽光下，守護著紅磚洋樓；不知蔡家後代又是怎麼看待這棟古老的樓房？

嶺腳車站對第一次造訪的我們來說，確實有如平溪線裡的世外桃源，慶幸這裡沒被大量觀光化，我們才可以見到如此原汁原味的純樸小站與小村。望著嶺腳車站緩緩進站的平溪線火車，想像著他穿過了瀑布，遇見了划船的老翁，老翁告訴他，回去後可不要跟別人說起這個地方喔。

事實上，這還真的是不足為外人道也，畢竟，沒來過也無法體會箇中感受。

大溪車站

凝望龜山島的小學

偶然與同事一起去過宜蘭大溪國小之後，就對這個位在太平洋邊又面對龜山島的美麗學校念念不忘，一直想找機會再去一次，終於在有著溫暖太陽的冬天再去了一次。

帶孩子出門，最重要的就是要隨性、悠閒和不貪心，這次臨時起意再去大溪國小，雖然只是坐了一趟火車，去了一個車站，到了一個國小野餐，但是這樣簡單的舒服小旅行，卻輕易就擄獲了我們全家人的心。

往宜蘭的電聯車總是滿滿的人，但過了瑞芳和平溪站之後，人就幾乎都下光了，只剩下一些賣完菜要回家的老人家在車上閒話家常。我們經過了福隆站，買了福隆便當，在伴著大海色光的車廂中，開始享受香噴噴的福隆便當。

大溪站，是個有點破舊的小站，太平洋就在旁邊，帶著寒意的海風吹拂，還好有溫暖的陽光。出了大溪站，沿著海堤散步很舒服，海風有點冷，陽光又很溫暖，有種特殊的違和感。大概步行十分鐘，前方就是大溪國小。臨海的大溪國小，在如此晴朗又冷冽的天氣中，依然迷人。

INFORMATION

交通　搭乘台鐵電聯車到宜蘭大溪站下車。

★ 推薦　我們最愛的火車小旅行地點，坐了一趟火車，去了一個車站，到了一個海邊的國小野餐，簡單的舒服小旅行，輕易擄獲了我們全家人的心。

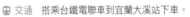

1 望著太平洋的火車車窗　2 一出車站便遇見的風景　3 抵達大溪車站的列車

我們坐在大溪國小的面海操場，看著海，曬著溫暖的陽光，吃著自己帶的食物，好舒服，小孩也盡情地在操場上奔跑。沿著大溪國小的海堤再走大概十分鐘，就是頗有名氣的衝浪點蜜月灣。

雖然我們只在這裡停留了兩個小時，但這樣的悠閒讓人很滿足。回程在月台等火車，喜歡火車的洋洋看著一列列火車呼嘯而過，顯得相當高興，特別是普悠瑪號飛馳而過時。

隨性、緩慢、輕鬆、無負擔，就是最美的小旅行。

凝望著大海的孩子

二結車站

一方寧靜。二結穀倉

不知有沒有人和我一樣，只要假日來到宜蘭車站，看到那些人潮，就有種想拔腿趕快離開的衝動。多年來，看到原本寧靜的宜蘭不斷淪陷，心中總還有些不是滋味。

所幸像我這樣喜愛寧靜的旅人，總還是可以找到許多安身立命的地方，而離宜蘭車站只有一站的二結車站，就是其中之一。往二結途中，空蕩蕩的車廂，只有我們下車。這是個沒有人看顧的小站，月台上的彩色舊座椅，喚起了時光回憶。

二結穀倉就位於二結車站旁，這個我多次坐火車經過就一直想親近的老倉庫，起造於一九二八年，一九三五年陸續增建了「儲穀倉庫」與「碾米工廠」，為穀倉的主建築。之後因為農耕技術的進步和科技化改良，穀倉漸漸失去了價值與重要性，遭到閒置。

所幸，一九九八年，宜蘭縣政府指定二結穀倉為縣定古蹟，後委託台大城鄉所進行修復計畫，經過多年的努力和不斷地規劃與改進，終於有現在我們看到的、整合了歷史文化、藝術和休閒的二結穀倉。混凝土外觀的穀倉，外型很討喜，帶

INFORMATION

交通　搭乘台鐵電聯車到宜蘭二結站下車。

推薦　寧靜的宜蘭小站，一旁的二結穀倉是美麗的時光古蹟，可以盡情享受古早文化的體驗、時光感和純樸的滋味。

1 鐵道旁的二結穀倉　2 穀倉戶外的藍色普通車廂　3 二結穀倉的月台造景

著沒有裝飾的質樸感。我們來到門口，看到了用木頭做的小木人，正彎著腰歡迎我們。

這裡要收參觀費，可抵用餐或飲品的消費，還不錯。我們抵達時是中午，所以用門票點了午餐。穀倉內部規劃了不同的區域，讓我們可以了解過去穀倉的運作與碾米過程，保留了完整的穀倉空間，甚至連巨大的碾米機都存在。

在穀倉的戶外區，有幾輛舊的藍色台鐵普通車廂，非常可愛，有的車廂被拿來當作餐廳，有的被拿來當作廁所，利用方式非常多元。戶外也有許多可愛的木頭小人，姿態、模樣都不同，相當生動。

坐在戶外區，可以悠閒地吹著風，還可以欣賞各種火車經過，像我們這種有小小火車迷的家庭，光是在這裡，就可以坐上好久。我們點的午餐上場了，不知是不是肚子餓了，帶點古早味的風味餐，令人喜愛，尤其是我們家還有滷肉飯愛好者。

二結穀倉充滿了時光的記憶，在已經幾乎無人下車的二結車站，守護著二結的歷史與回憶，靜謐地等待像我們這種仍想在宜蘭找一方寧靜的旅人。

TRAIN TRIP

秘境時光小站

親子鐵道

Family Trip

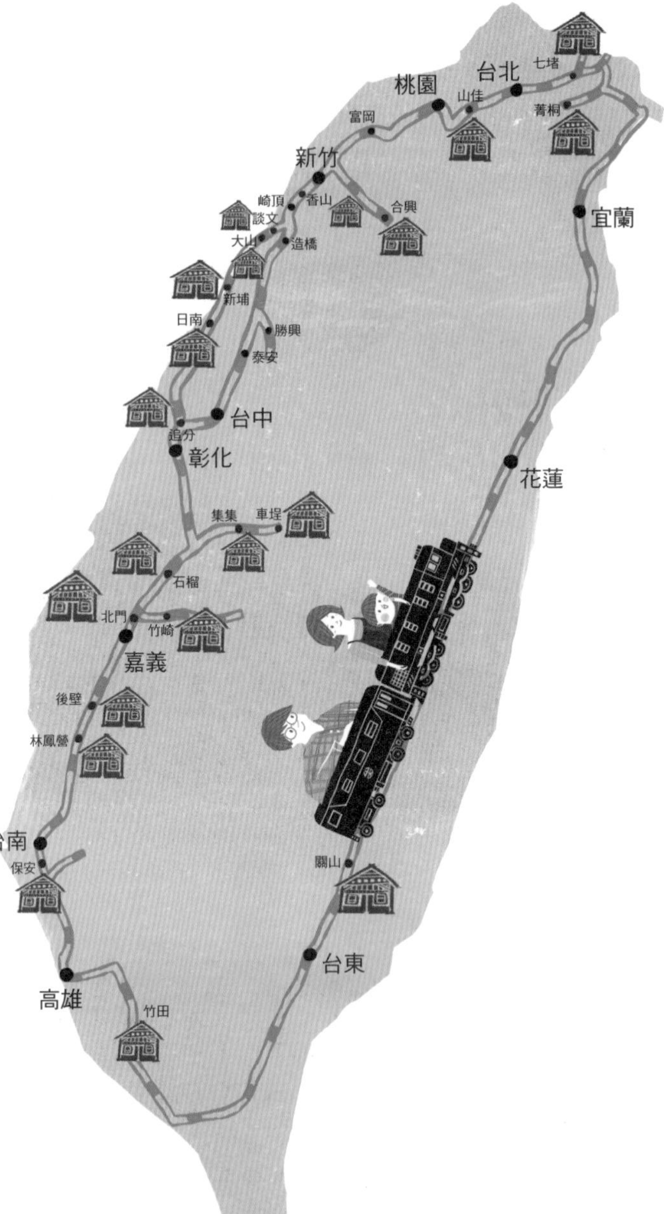
七堵
台北
桃園
山佳
菁桐
富岡
新竹
宜蘭
崎頂
香山
合興
談文
大山
造橋
新埔
日南
勝興
泰安
台中
追分
彰化
花蓮
集集
車埕
石榴
北門
竹崎
嘉義
後壁
林鳳營
台南
保安
關山
台東
高雄
竹田

七堵車站

塵封的鐵道記憶

台灣縱貫鐵路北線的日式木造車站，總共有三座，七堵、山佳、香山，如果要從最北部的車站開始，那就從七堵車站開始吧。咦，七堵車站不是新的嗎？所以我們要去的是舊七堵車站。

七堵站是台鐵在北台灣最重要的調度站與機廠，即使只是經過，也總是吸引著孩子的目光，因為七堵車站總是停滿了各種火車。

七堵車站建造於日治時代的大正年間，一九一二年起造至今，已經有一百歲了，與現在新的七堵車站有段距離。原本因為道路拓寬與車站改建，極可能被拆除，後來在地方民意與文史工作者的努力爭取下，由文化局接管，以非常專業的方式，將木造車站整個拆卸並移地保存，完整保留了整座車站，並成立了七堵鐵道公園。

坐到七堵站，離開新穎寬敞的七堵車站，往北走沒多久，就可以見到以舊七堵車站為主體的鐵道公園。七堵舊車站寧靜地矗立在路旁，美麗如昔。

一走近，兒子就說：爸爸，好香喔。對呀，這座車站也是檜木做的，即使經過

INFORMATION

交通　搭乘火車到七堵站下車，出站後再步行到舊七堵車站。

推薦　台鐵現存的日式木造車站中，最北邊的一座。雖已超過百年，但仍保存得完整良好；由當時的台灣總督府下令建造，典雅美麗。

1

3

2

1 舊七堵車站已成為七堵鐵道公園　2 舊站保存下來的一段鐵軌　3 已歷百年的美麗木造車站

了百年，仍幽幽散發著時間的氣味。仔細端詳七堵車站，可以看出是一座工法細膩的木造車站，樑柱間都直接用缺口卡位的方式接榫。光是看著車站建築，以及窗戶與廊間的細節，就讓人看得著迷。百年前，有多少人曾在這裡停駐，又要前往哪裡？

除了舊車站，也保留了舊有的一段鐵軌與月台，看得出規劃者的用心。雖然車站已經沒有服務功能，但留下了曾經與車站息息相關的舊有事物，讓人可以藉此回到時間隧道裡。

據說，在舊七堵車站組裝的過程中，發現有不少樑柱的木頭上都寫有「總督府」字樣，這代表七堵車站是由台灣總督府下令監造的，也難怪車站感覺特別不同。舊七堵車站雖然已經不具備車站功能，但能用這樣的方式把這座百年車站完整保留下來，真的是一件令人感動的事。舊七堵車站至今仍看著頻繁的北迴火車班次駛過，就像是百歲的老爺爺，仍用他的一雙眼睛，看顧著台灣鐵道上的孩子們。

香山車站

散發時光的檜木味

台鐵目前的木造車站，大多是日治時代留下來的，共有二十多座，除了少部分外，大部分都已列為古蹟或歷史建築。

香山車站是縱貫鐵路北線三座木造車站中，最南端的一座，一九二八年建造，已經快九十歲了。站體構造是我們常在日本小站中看到的入母屋造式，最特別的是香山車站是目前全國唯一以全檜木搭建的車站，檜木都來自於阿里山。至於當時為何會在這裡蓋一個全檜木的車站，我很好奇？

一看到香山車站小巧可愛的木造小屋，總讓人想起許多日本動漫或偶像劇裡的場景，彷佛一走進車站的候車室，時間就不再流動一樣。全木造的售票口、上方

INFORMATION

交通　搭乘火車到新竹香山站。

推薦　台灣日式木造車站中，唯一全檜木建造的車站。優雅的車站充滿檜木香氣，彷彿將我們也融進時光裡。

充滿檜木香氣的小站

1 散發時光香氣的檜木座椅　2 香山車站從前的出入口　3 等候似乎是車站永不下檔的劇目

的木窗花、對外的窗口與休息的座椅，像是時光膠囊，在這座小站裡停滯。

一見到不知有多少人走過的木造剪票口，感覺實在是太美了，我摸著那充滿時光斑痕的入口木柵欄，好像看到了過往在這裡來來去去的人們的光影。

走出售票口，一旁就是站長室，也完整保留了原來的木造模樣，樑柱完整，四處都是檜木香氣，坐在木頭座椅上就想打起盹來。另一邊看起來很像是以前的另一個出入口。香山車站的月台有兩個，並且用天橋連接。以前香山車站應該是出了剪票口就是月台，想來當時的光景一定更為迷人。

站外有一座紅磚塔，據說是以前的水塔；附近還有看起來像是穀倉的建築，不知是不是從前的倉庫。通常，車站附近大多是當地最熱鬧的地方，但香山站外頭沒什麼店家，就一兩間雜貨店而已，再過去就是省道了。

走出香山站，我們身上似乎還遺留著車站檜木的氣味，與車站的時間都彷彿瞬間停格，進入了時間通道，身邊的人講著我們聽不懂的日語，還有一些我們熟悉與未熟悉的事，然後火車的鳴笛聲響起了。

談文車站

海線五寶。等待的永恆

台灣西部鐵路有山線與海線的區別，以竹南為分界點，一條是山線，就是往台中的方向；一條是海線，往清水沙鹿；最後會在彰化再度會合。

在海線上，有五座從時光裡走出來的靜謐車站，從近百年前的日治時代就已默默在這裡看著人來人往、潮起潮落，以及時代的更迭。

這人稱海線五寶的秘境車站，最北邊的叫談文車站，建於一九二二年。因談文舊名是談文湖，所以車站原稱為「談文湖驛」，日治時期以炭、米的貨運運送為主，戰後改名為談文。當時，因後龍鎮與造橋鄉盛產相思林，木炭產業興盛，許多產品都載到大山和談文轉運，而這裡的土質也適合做磚瓦，因此早期有不少瓦窯，後來隨著產業衰退，談文站也失去了樞紐地位，沉寂落寞。

談文車站是座白色木造小站，從一旁的公路望去，比一般的道路還矮，若沒看到談文車站的站名牌，甚至不會發現這裡有一座車站。

談文站就像是在時空中等待的車站，外表斑駁，帶著點滄桑，周圍幾乎沒什麼人家，只有田野和稻田。我們初次見到這一個小站，就覺得像是從時間中走出來

INFORMATION

交通　搭乘台鐵電聯車到苗栗談文站。

推薦　海線五寶中最北端、遺世獨立的木造車站，像是在時空中等待的車站。外表斑駁滄桑，周圍幾乎沒什麼人家，只有田野和稻田，宛如從時間中走出來。

1 宛如日本秘境車站的談文車站　2 海線古老木造車站特有的牛眼窗　3 談文位於竹南與大山之間

1

2

的一樣。

走入車站內，連售票亭都沒有，空蕩蕩的，牆上掛著一首用娟秀毛筆字寫的詩。談文、心鎖橋，每個不經意來到這座小站的旅人，心裡的鎖是否曾經被打開過？

直立榫接木板的樑柱相當完整，看了不禁著迷。談文車站的本體雖然看似凋零，但許多地方和細節，保留了木造車站建築的細微。走上月台，可以看到一大片的稻田。這附近的人家真的相當稀少，觀望四周，幾乎沒什麼住戶。走在天橋上，鳥瞰談文車站，看起來更加滄桑，也更惹人憐愛。

車站裡有一張漫遊鐵三角秘境小站的海報，上面寫著「等待的時間，這一秒就是永恆」。

每一個進出這個小站的人們，站在月台上，不知都抱著什麼樣的心情？要前往哪裡？或是從哪裡回到這裡？而這個曾經繁華，如今已相當寂寥的談文車站，又一直在這裡等待著什麼？

1 談文車站外是一望無際的稻田　2 斑駁的白色木構造訴說著多少故事？

日南車站

海線五寶。百年宿舍

日本九州日南線上有一個車站叫作日南站，同樣在台灣的台中大甲，也有一座美麗的老車站叫作日南；雖然這兩座車站沒什麼關係，但仍覺得這個名字充滿日本味。

日南車站是一九二二年建造完成，與談文、大山、新埔車站一樣，是海線沿線中尚存的五座木造車站之一，採用的是幾乎相同的建築式樣（和洋風型式的歇山頂建築），共同特色包括位於側面的牛眼窗、破風造主結構、西式木架屋簷，以及雨淋板外牆等等等。

不過，日南車站的建築式樣雖然和談文、新埔車站類似，但好像因為名字關係，似乎多了一分陽光氣息。車站保存得相當完整，一旁也留下了一些舊鐵道遺跡，還有一些造景，以及貼著春聯的恬靜老屋。

走出日南車站，不遠處，有一個散發著舊時光遺味的老宿舍群，就在一座百年小學裡。山腳國小已創校九十多年，歷經多次整建，剩下四棟日式建築，建於一九三七～一九四〇年間，是有七十年歷史的宿舍建築。這建於日治後期的宿舍

INFORMATION

交通　搭乘台鐵電聯車到台中日南站。

推薦　海線五寶中最南端的日式車站，附近有百年山腳國小，保存了相當完整的日治後期日式宿舍與氛氛，相當值得一訪。

1 保存得相當完整的日南車站　2 牛眼窗是這類日式車站的一大特徵　3 車站外的老屋

1

2

群，屬於混合西式作法的改良式和風建築，房舍空間完整。

山腳社區是個恬靜的小社區；一八九八年，苑裡公學校成立，學區包括苑裡、山腳兩個行政區，但學生多半是苑裡的子弟，後來才分出山腳國小。近百年的山腳國小，目前已整修成嶄新的校舍，但保留了這美麗珍貴的日式宿舍，也相對留下了學校珍貴的歷史。

日式建築外的庭院、大樹、池塘，非常廣闊，不論是坐在簷廊下或大樹下，望著天空或日式屋舍發呆，都是一大享受。經過時間或地震毀壞，甚至曾經要被拆毀的山腳國小舊日式宿舍，能夠留在校園裡，讓現在的孩子了解過去的生活與歷史，實在具有非常大的教育意義。

1 這裡保留了四棟七十年以上的日式宿舍　2 日式屋外的簷廊是許多人喜愛停駐之地

造橋車站

孤獨的繁華落盡

百年前，在海線尚未興建之前，苗栗只有山線鐵路經過。苗栗境內的天然資源豐富，也造就了許多因為礦產而興起的小鎮和火車站，著名的舊山線勝興車站就是其中一例，而於一九〇三年建站通車的造橋車站，則是苗栗山線鐵路中最早建立、也曾經十分繁華的車站。

這座超過百年的驛站，原本為木造平房，後因關刀山大地震被震毀——大家所熟知的三義龍騰斷橋，也是在這次地震中毀壞——改建成平頂式水泥長方形車站，也是台灣第一座混凝土平頂車站，具有時代意義。據說，這座車站也是為了裕仁皇太子來台灣而改建的。

如今來到造橋，看著這質樸帶點荒涼的小鎮，難以相信這裡曾經是產量極大的磚、瓦、木炭產出地，一直到六〇年代，都還是物業與人聲鼎盛的地方，火車站的使用與人員進出也極為頻繁。直到後來，道路與高速公路相繼建造，鐵路運輸的重要性不再，加上礦產的資源日漸枯竭，造橋的人口開始外流，火車站也逐漸沒落。

INFORMATION

交通　搭乘台鐵電聯車到苗栗造橋站。

★ 推薦　百年前相當繁榮如今已十分沒落的車站，是台灣第一座混凝土平頂車站，相當典雅美麗，車站旁的日式站長宿舍保留完整。小鎮帶著寂寞感，非常適合懷幽思古。

1 典雅美麗的車站建築　2 已是文化財的站長宿舍

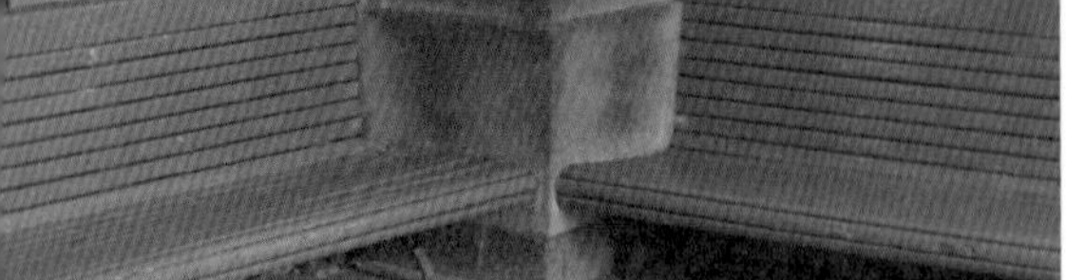

1 老宿舍與庭園　2 車站外的老店鋪　3 車站裡的復古空間

不過，當我與造橋車站相遇時，即發現其優雅的廊柱，就是我極為喜愛的水泥圓形拱柱，雖然台灣許多日治時代的木造車站總是吸引我，但是這種帶有洋樓味道的古典平房車站，其每個細節卻也讓人著迷。造橋車站如今只是個簡易的招呼站，沒有站長，乘客稀稀落落，但是火車站與火車站附近的驛長和鐵道宿舍所形成的園區，卻充滿了時光感；走出車站，真會以為來到了日本的小站。

造橋車站外所遺留下來的驛長宿舍，在當時可是首屈一指的，全棟皆為檜木造，裡外的日式空間都很講究，細節保留完整，像地氣窗等。由於造橋車站在日治時代算是重要車站，驛長宿舍的確也有別於其他車站宿舍。這些宿舍至少都有七、八十年以上的歷史，能夠完整保存下來，並且在一旁設計符合日式氛圍的庭園和水池，實在應該給當初規劃保存的人掌聲。

車站外的街道，有為數不多的傳統商店與民家，雜貨店、藥局等小店，看起來都頗具歷史。

造橋是一座早已繁華殆盡的車站與聚落，也被許多人漸漸遺忘，但是曾經在這裡發生過的繁華光景，卻可以因為車站、建築的保存，再次讓人懷想與思古。

崎頂車站

日光。風車。海洋。子母隧道

在未去崎頂車站之前，我還真不知道苗栗竹南有一個這麼多鐵道迷喜愛的神秘小站；當天前往時，大風車在藍天下轉動著，有種奇幻感。

崎頂的舊名叫「老衢崎」（Laoquqi），是從前縱貫台灣南北的必經之地，清朝乾隆年間林爽文事件的主角林爽文，就是在這裡被捕。後來老衢崎更名為崎頂。

抵達崎頂車站時，旅客不多，一眼望去，小小的站台，沒有站務員，後方就是轉動的大風車，鐵軌上吹拂著海風，很是悠閒慵懶。

在洋的堅持下，我們在月台上等到一班列車、並和列車長揮手後，才走去觀景台；這裡視野更好，眼前的海一望無際，風車更加巨大。觀景台下方就是鐵道，火車在大風車下經過，是西部最美的鐵道風景之一。前往觀景台的途中，有幾棟紅瓦古厝，樹下幾位老人正在吹風聊天，遠方是公車和海；雖然初秋的老虎發威，天氣炎熱，但是這生活畫面真是叫人喜愛。觀景台上寫著「老衢觀海」的字樣。

在觀景台上欣賞完列車經過的風景之後，我們往舊鐵道與隧道——子母隧

INFORMATION

交通　搭乘台鐵電聯車到崎頂站。

推薦　安靜慵懶的小車站，臨海，還有大風車，可以看到火車在點綴著風車的海邊奔馳。車站附近的子母隧道遺跡也很珍貴。

這裡有西部海岸最美的鐵道風景

1 站上子母隧道的登高點　2 有藍色月台的崎頂車站　3 隧道上還留有二戰時的彈痕

道——前進。一路上雖然有些許旅客，但整個環境幽靜怡人，伴隨著西部列車呼嘯而過的聲音，有著一般車站沒有的特別氣息。

沒多久，就看到崎頂子母隧道，這兩座在一九二八年建造的隧道，是全台唯一相連的雙軌鐵路隧道，隧道上方用紅磚砌造，下半部則是水泥建築，即使已經將近九十年歷史，隧道紅磚還是非常完好。這兩座隧道在運作五十年後，因為西部鐵道西移而不再使用，但卻完整地保留下來，絲毫沒有被破壞，紅磚牆面上還留有二戰時的彈痕。

台灣有很多像這樣的地方，最後都任其荒廢或遭到破壞改建，但是子母隧道卻在有心人士的奔走下，不但保留下來，還與崎頂車站周遭被規劃成崎頂隧道文化公園，如今才有這麼一處靜謐又彷彿可以穿越時光的隧道與鐵道供人漫步。

走回崎頂車站，旁邊西部列車正一列列駛過，不久，觀景台上「老衢觀海」四個大字又映入眼簾。

日光、風車、海洋、老隧道、恬靜的時間、孩子的笑聲，以及初秋老虎午後吹過山洞的徐徐微風，我們慢慢閉上了雙眼，掉入其中。

台中車站

我們心目中最美的車站

如果選一個地方，作為人離家和回家的代表，在我心目中，就是火車站。有多少的母親曾經在那裡送別過自己的孩子；有多少的孩子曾經在返鄉時，一回到車站，就想起了媽媽料理的家鄉味；車站的月台，埋藏着多少你我的故事。

一位朋友曾跟我說過他祖父和台中車站的故事，令我印象深刻。

他的祖父十二歲離開台中時，走到了台中火車站，看著這座與他同樣誕生在一九一七年的美麗車站，對於大日本帝國的進步充滿了憧憬。在台中火車站，他的母親與他送別，看到他年紀那麼小就要隻身前往日本求學，心中十分不捨，直到火車鳴笛前，母親始終握著他的手；那一年，日本剛過了大正浪漫時期，進入了另一個全新昭和時期。

多年後，當他祖父從日本武藏野美術大學畢業時，太平洋戰爭剛好爆發，他回到了台灣發展，並決定自己在台灣的第一幅膠彩畫，就是畫台中火車站。

那位朋友後來在東海大學唸書時，唸的正是美術系，他記得自己第一次從屏東坐火車到台中，光站在月台上，就覺得震撼，驚訝於台灣竟有如此美麗的車站，

INFORMATION

交通　搭乘火車到台中火車站。

推薦　台灣現存最美、最典雅華麗的兩座百年車站之一，另一座是新竹車站。建於一九一七年，是當時的經典建築之一，具濃厚的文藝復興風格，山牆型式的屋頂、華麗的裝飾、典雅的磚牆與白色石子環帶等，每個細節都值得欣賞與細細品味。

1 台灣最美的古典華麗車站　2 台中車站外的簷廊

極為迷人的台中車站月台

那連綿不絕的月台拱柱，層層疊疊的畫面就像是時空大門。

走出站外看到車站本體，他的腳便不聽使喚地發抖，眼前充滿文藝復興巴洛克風格的華麗古典車站，那美麗的山牆、洗石子與紅磚的樣式，都是他從未看過的車站模樣，車站彷彿散發著巨大的亮光，就像一個優雅的巨人站在他面前。他顧不了要趕去學校報到，買了最喜愛的火車鐵路排骨便當，在車站前面坐了下來，一邊吃着便當，一邊用素描描繪了這座他從沒見過的美麗車站。

朋友想起了幼時掛在家裡的那幅膠彩畫，才發現那就是祖父畫的台中車站，他一邊素描著眼前的台中車站，想著祖父的那幅膠彩畫，彷彿發現祖父在撫摸著他的頭，即便他從未見過他的祖父。

我帶著喜愛火車和車站的孩子來到台中車站，一邊讚嘆著它的美，也想起了朋友和我說過的關於台中車站的故事，於是我和孩子說，這座車站已經超過一百歲了喔，是非常珍貴的車站。

孩子跟我說，它長得好像總統府喔。

我們走進了月台，月台上的欄杆帶著時間的斑駁感，不知有多少人在這裡選擇離家與回家，那是超過三萬六千五百天的時間，我忍不住摸了月台上腐鏽的欄杆。而望著列車一輛輛進站，則是孩子最歡愉的時刻，大叫著每輛列車的別名。

然後，我們悠閒地坐在月台上，看著人潮與火車來來往往，打開了我們父子最愛的台鐵排骨便當，在從一百年前到現在都依然如此美麗的台中火車站裡。

林鳳營車站

不是你想的那樣

縱貫鐵路南線的幾座日式木造車站，幾乎都集中在台南境內，後壁、林鳳營、保安車站等。如果你和我一樣對台灣地名的認識不多，聽到林鳳營車站時，可能很多人會想到那個因為頂新集團被抵制的林鳳營鮮乳。其實，還真不同，林鳳營也不是個人，而是一個台南的地名。

林鳳是鄭成功的部下，當時他的屯墾區就位於台南六甲一帶，紮營之地就被稱為「林鳳營」。林鳳營建站很早，一九三三年建造。一九四一年台南地震後，許多木造車站損壞，同遭損壞的後壁和林鳳營車站，因為用同一張設計圖改建，所以非常相似。

林鳳營車站已經是歷史建物，在抵制林鳳營的聲浪中，很慶幸沒有人無知地對它做什麼事。我們來到林鳳營這天，寒風細雨，是台南少見的低溫，但當看到美麗的林鳳營日式車站以及車站裡等車的學生時，不知為何，竟有股暖意暖上心頭。林鳳營是簡易站，目前只有區間車停靠。

縱貫鐵路南線的幾座日式車站，如後壁、林鳳營、保安車站，其木造建築形式

INFORMATION

交通　搭乘火車到台南林鳳營車站。

推薦　縱貫鐵路南線僅存的幾座木造車站之一。林鳳營不是人名，也不是你想的鮮乳產品，而它的真實身分，就藏在這座美麗的車站中。

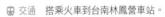

1 曾因地震修復過的林鳳營車站　2 林鳳營並不是人名也不是鮮乳　3 車站外圓環的老樹

和海線五寶完全不同，如果像我一樣走訪過全台灣所有的日式車站，一定會無形中對這些車站有不同的感受和想法。

車站外有一座被老樹盤據的空屋，沒有屋頂，成了典型的樹屋，陽光灑下時的光影，彷彿是一種故事的記號。

林鳳營鮮乳的牧場也在這裡，但車站附近並沒看到任何指標。出了車站，會看到一個小小的圓環，上面有一棵老樹，附近僅剩幾間民宅和廢棄的房屋，讓人覺得幸好還有這座車站繼續在這裡服務。看到這座美麗的車站，就像看到了過去的故事。

車站外的紅磚老屋

竹田車站

最南端的日式回憶

竹田車站是台鐵屏東線上最美的車站，也是唯一保存下來的日治時代車站。原本屏東段的鐵道上還有歸來、麟洛、西勢等木造車站，但都已經消失，竹田車站成為碩果僅存的時光車站。

竹田在日治時期是屏東農產品集散的鐵路重鎮，興盛時，甚至還有旅館和澡堂，澡堂建築至今還看得見。之後，和台灣許多老車站一樣，隨著時代與產業改變，竹田站也逐漸沒落，差點廢站，同樣在民間人士奔走下被保留下來，改為竹田驛園，與竹田站四周的環境共構成一個園區。

竹田車站建造於一九四〇年的日治後期，比中部以北的木造車站要晚上不少。我們去的當天，正逢竹田驛園的休息日，所以只逛了整個園區，內部無法進入。驛園除了將車站保留下來之外，還保留了昔日的穀倉、碾米所、站房、候車室等，也新增了些許景觀設計。

後來，這些屋舍也有了不同的利用方式，如池上一郎博士文庫、竹田文化館、火車風情咖啡屋、湧泉生態池等，算是相當活化。其中，池上一郎博士文庫的日

INFORMATION

交通　搭乘火車到屏東竹田站。

推薦　屏東唯一一座日式木造車站，已經不再使用，全區作為竹田驛園，完整保存木造車站以及日治時代的澡堂、碾米所、站房等。

文書籍收藏豐碩，是東亞地區最南端的一座日文圖書館。

整個車站及其周邊的氣氛，讓人感到舒服；雖然屏東烈日當頭，但是園區裡有許多大樹，風不停地吹撫著。驛園的後面就是新的竹田車站，比起舊的竹田車站，顯得巨大而唐突許多。

正值中午，飢腸轆轆，於是在屏東旅遊達人福熊的推薦下，來到竹田車站前方十字路口附近的一間竹田鹹湯圓老店。這是間沒有冷氣的簡單店面，但客家鹹湯圓的滋味、香溢的豬肉餡，真是令人懷念，而已經很久沒吃的客家大鍋菜，也沒讓人失望。

屏東東段鐵道唯一保存的日式木造車站

WALK

舊時光漫步

親子台北旅途

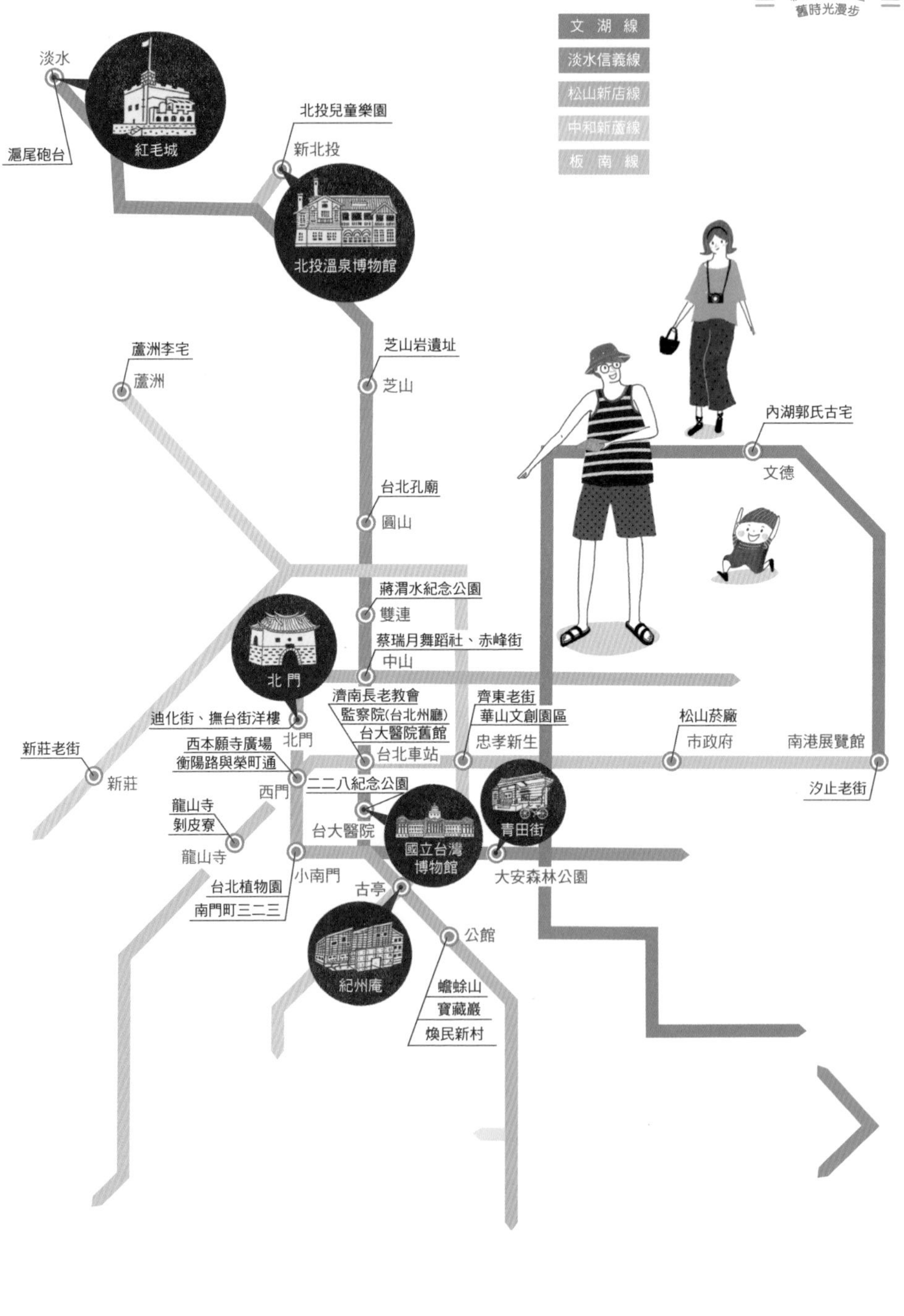
文湖線
淡水信義線
松山新店線
中和新蘆線
板南線
淡水
紅毛城
滬尾砲台
北投兒童樂園
新北投
北投溫泉博物館
芝山岩遺址
芝山
蘆洲李宅
蘆洲
台北孔廟
圓山
蔣渭水紀念公園
雙連
蔡瑞月舞蹈社、赤峰街
中山
北門
迪化街、撫台街洋樓
北門
濟南長老教會
監察院(台北州廳)
台大醫院舊館
台北車站
齊東老街
華山文創園區
忠孝新生
松山菸廠
市政府
南港展覽館
汐止老街
內湖郭氏古宅
文德
新莊老街
新莊
西本願寺廣場
衡陽路與榮町通
西門
二二八紀念公園
台大醫院
國立台灣
博物館
青田街
大安森林公園
龍山寺
剝皮寮
龍山寺
小南門
台北植物園
南門町三二三
古亭
紀州庵
公館
蟾蜍山
寶藏巖
煥民新村

我們的捷運、公車小旅行秘密

乘著孩子的喜好，探索城市的前世今生

我的孩子，一直到很晚才會說話，二歲多時第一次搭捷運，從此就不可自拔，只要走進捷運站，就不想離開，只想待在車廂裡不斷地往前駛去，彷彿那是一個安全的母體。只要離開捷運，他就會情緒失控。

對捷運的迷戀漸漸淡化後，孩子開始迷上了公車。那些公車路線號碼，對他來說意義不同，像是包裹著秘密的魔幻數字，他會任意選擇自己喜愛的公車數字，只想搭乘在上面，任其承載飛翔。那時候的他，同樣無法搭乘他不想要的數字公車，我們曾經因為強迫他坐上不喜歡的車子，而引來一場車上的大爆發。

後來，經過一些評估與診斷，我才知道自己的孩子跟一般的孩子不同，他對交通工具有著異於常人的執著，讓我們傷透腦筋，也與他有了許多摩擦。然後，我們放下了自我，拿掉時間的緊箍咒，開始陪著他坐著這些交通工具，在城市裡漫遊。從一開始漫無目的地漫遊，到漸漸能與他溝通，在他的帶領下，探索許多我們也尚不了解的城市角落。

孩子在城市裡漫遊的目的，是能坐上他喜愛的車子，而在滿足孩子的同時，我

也開始將自己的意念放進去，把在城市裡的晃蕩與自己一直很喜愛觀察的老時光、老建築、老古蹟結合，構成了彼此之間一趟趟在城市裡的親子旅行，沒有時間的負擔，不斷地轉換車子，以繞遠路的方式，先滿足了孩子，再抵達我們的目的地。這一切的開始，都是因為孩子；這包裹著我們之間無數時光的小旅行，夾雜在這座城市的前世今生中，有著我們的歡笑、淚水，以及更多的探索與發現。

舊時光融合新元素

華山1914文化產業創意園區。齊東老街

依稀記得以前還沒規劃與整建的華山，像是個時代廢墟，倉庫與廠房都維持著時間的頹廢感，令人喜愛；那時，曾經在那裡看過幾次表演和藝術展覽，至今難忘。

這些年來，華山經過大力的整建與規劃，已成為台北非常重要也很受歡迎的藝文空間，每到假日，滿滿人潮，活動非常多。這個創建於一九一四年的空間，過了一百年，有著全新的樣貌與用途，雖然商業氣息濃厚許多，但還是頗具特色，怎麼看都很有味道。

前往華山的交通很方便，就在捷運忠孝新生站附近，也有很多公車可以到達。當然，也有許多人帶孩子來這裡玩耍，到處都有可以讓孩子奔跑的地方。

園區裡最吸引人的倉庫四連棟，以前是製酒的倉庫，水泥建造的房子爬滿常春藤，與北海道小樽的倉庫有幾分相似。鄰近的倉庫則已改造成音樂表演空間、餐廳等。老屋結合了不同的商業模式，只要沒有破壞，感覺都不會太壞。

穿過了四連棟，會看到一大片草皮，上面有一些裝置藝術，是孩子最喜愛的地

INFORMATION

交通　搭乘台北捷運到忠孝新生站。

★ 推薦　已經百年的舊台北酒廠改造的文化園區，廠房、倉庫、空地等，不僅讓人可以感受到舊時代的氛圍，也融入了許多新的元素，很適合親子共遊。

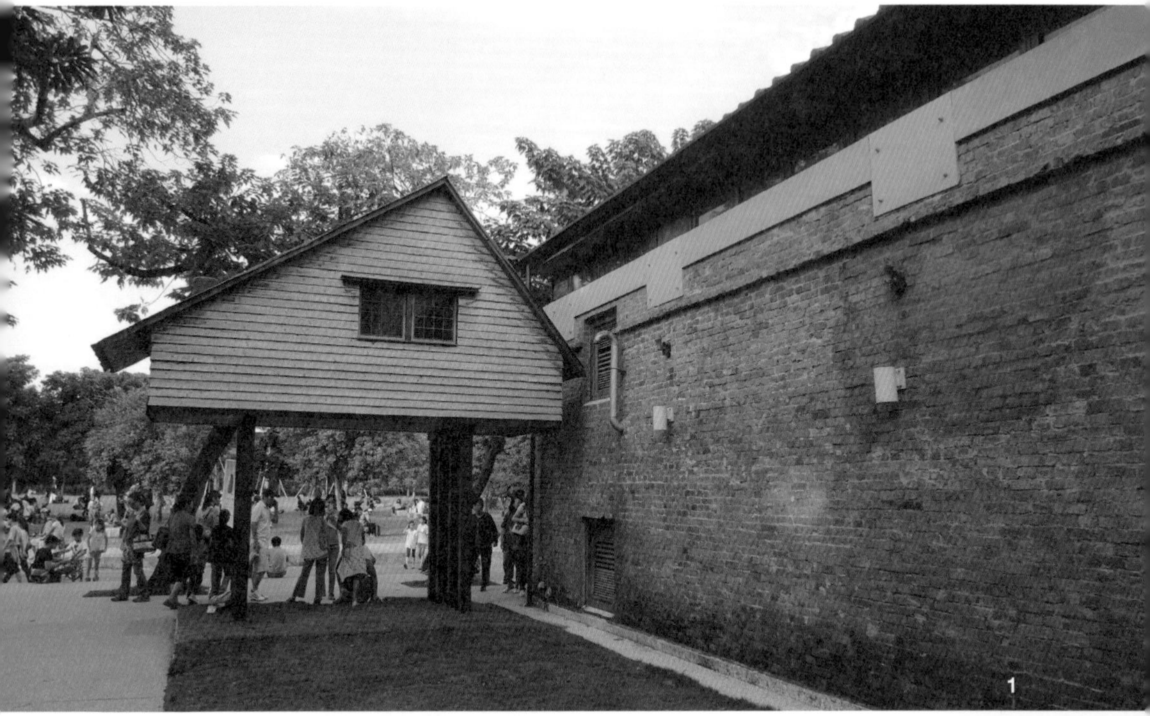

1 紅磚倉庫與裝置藝術　2 舊酒廠倉庫如今的美麗模樣　3 齊東老街上的台北琴道館

方，因為可以盡情地奔跑；這裡面積很大，上面還可以看到舊鐵軌。草皮旁是另外一群紅磚建築，叫作「華山紅磚六合院」，原來是製樟腦的工廠，後來經過整理，成了另一區的展覽與商業空間。紅磚的倉庫空間，有特別的情調，還有一個大煙囪，是以前的鍋爐室，據說當時建造時，可是台北最高的建築呢。

帶孩子，可以在這裡玩耍大半天，大人和小孩都很盡興，非常適合親子到訪。當然，如果可以平日來，感覺會更悠閒，更舒服。

另外，在華山藝文特區附近有一個齊東老街，是一條清朝時就已存在的老街，舊稱「三板橋街」，是南港、基隆通往台北城的要道，也是目前台北東門城外唯一倖存的古街。日治時代，劃分齊東街一帶為「幸町」，而有了現在所看到的齊東街日式宿舍群，這些日式老屋本已殘破，現正陸續整復中，其中五十三巷十一號已被修復，列為市定古蹟，現由台北琴道館作為古琴推廣之用，期待未來這附近的老屋都可以重見舊時風華。

景點

華山1914文化產業創意園區　台北市中正區八德路一段一號

台北琴道館　台北市中正區齊東街五十三巷十一號

李國鼎故居　台北市中正區泰安街二巷三號

台北科技大學紅樓　台北市大安區忠孝東路三段一號

一次滿足多種需要

植物園。南門町三二三

搭車到小南門站，這附近是台北與台灣的政治中心，從前戒備森嚴，現在則遺留下許多政治人物的故居、宿舍，安靜的氣氛，與一般的住宅區非常不同，少了過去的威權，附近居家的環境更顯幽靜。

這裡有許多重要的官邸，出捷運站後，往植物園方向走去，會經過台灣早期重要人物孫運璿晚年的故居，現在變成了「孫運璿科技．人文紀念館」，美麗的樓房與偌大的庭園，展示著孫運璿先生的故事與貢獻，保留了許多當時他與家人生活的空間與樣貌。

紀念館屬於日洋混合的建築，是早期日式房舍與後期洋樓並存的樣貌，房屋與庭院裡的草木融合在一起；坐在庭院的樹下，吹著徐徐涼風，看著展示內容，忍不住會想起台灣經歷的過去。目前這個故居已是市定古蹟。

離開了美麗雅致的孫運璿故居，往一旁的植物園走去。這個在日治時代建立，至今已逾百年的廣大區域，也是一個非常適合親子玩耍的地方，到處都是樹木、植物，以及可以奔跑的地方。

INFORMATION

交通　搭乘台北捷運到小南門站。

推薦　先感受小南門站附近的安靜氣氛，再前往已經是市定古蹟的孫運璿故居參觀。然後往廣大的植物園走，裡面有新設立的南門町三二三，為日式的房屋與枯山水。

1 南門町三二三　2 植物園裡的林蔭大道　2 池畔的親子時光

大家都知道熱鬧的西門町，但有聽過南門町嗎？這是一間位在台北植物園裡，叫作「南門町三二三」的日式房舍。為何取這個名字？是因為這座木造建築在日本時代的地址是「台北州台北市南門町六丁目三二三番地」，後來就以「南門町三二三」命名。

原本，這棟建築在戰後被當作林業試驗所的員工宿舍，之後漸漸荒廢，直到近年來，在一些民間機構與官方支持下，開始整修，並且在房舍旁設計了一個日式庭園，與植物園的自然景物融合在一起。植物園在日治時代曾是博覽會會場，而南門町三二三的原址本是用來招待客人的茶店。

南門町三二三的枯山水庭園，以石頭為山，淺色碎石為海，還有特地做出的龜鶴小島，形成枯山水的意象。南門町三二三有人數限制，一個梯次結束之後，才會再開放另一梯次，所以裡面不會過於擁擠，走逛起來也舒坦許多。

離開南門町，好好地在植物園裡散步，賞花賞樹，夏日賞荷，再信步前往歷史博物館看看展覽，都是很好的選擇，可以一次滿足很多需要。

喧囂裡的寧靜

西本願寺廣場

很多去過京都的人，都知道京都有一座西本願寺，是世界文化遺產之一，但如果說台北也有一座西本願寺，知道的人就少多了。在台北的西本願寺，和京都的西本願寺一樣，是淨土真宗的寺院。日治時代，淨土真宗從日本到台灣傳教，在台北建立了這座別院，也叫西本願寺，裡面有完整的御廟所、鐘樓、輪番所等。

二戰結束後，這裡的部分建物被軍方和警備總部等單位使用，二二八事件後，有一些政治犯也曾被囚禁在此，甚至遭受到酷刑，在以慈悲為懷的宗教場域裡，顯得格外諷刺。

一九七五年，西本願寺遭祝融燒毀，又因為西門町開始沒落，變成一片殘瓦敗牆，直到二〇〇六年，台北市政府才又重新將殘存的西本願寺鐘樓、樹心會館列為市定古蹟，輪番所、參道、本堂、御廟所等遺蹟為歷史建築，開始整修，到了二〇一三年，終於完工，開放給民眾參觀。

帶家人前往時，假日的捷運西門站人潮洶湧，大多數的人都往 6 號出口而去，西本願寺的方向是走 1 號出口往紅樓的方向，美麗的紅樓也是很值得走逛的地

INFORMATION

交通　搭乘台北捷運到西門站，1 號出口。

★ 推薦　在喧嘩的西門町鬧區裡，有著這一處寧靜的西本願寺廣場，足以讓人想像著自己來到了京都。

1 從鐘樓往輪番所眺望　2 本願寺最具代表性的鐘樓　3 輪番所已變成日式茶屋

方，這座建造於日治時代的市場，如今也成了許多文創商店的聚集地。

走到西本願寺，感覺偌大的廣場在擁擠的西門町中，像是世外桃源，在城市的喧囂裡顯得幽靜。翻修過後的輪番所，目前是一個很有日本味道的茶室。在這些遺跡中，鐘樓是我覺得最具代表意義的，位在一個小坡上，可以登高遠望，想像過往。鐘樓旁是樹心會館，以前曾被當作幼稚園；紅磚牆與和風式樣的圓弧形唐門，非常漂亮。

西本願寺的主要建築都已燒毀，只剩下基座旁的木頭圍籬，遺址成了一個空地，現在是台北市文獻會會址。御廟所也已被燒毀，下方還剩下未被燒毀的基座，一旁變成有綠樹的小公園。

在西門町鬧區與次流行文化裡，慶幸有著這麼一處寧靜的所在，當你有意或無意中走進西本願寺廣場，彷彿可以聽到寺院鐘樓裡傳來的鐘聲，想像著自己來到京都。

景點

台北西本願寺廣場 台北市萬華區中華路一段一百四十七號

八拾捌茶（輪番所） 台北市萬華區中華路一段一百七十四號

漫步在時間的光裡

青田街。貳月咖啡。旅人書店

雖然有了小孩之後，常常沒辦法前往自己喜愛的地方，但有時只要滿足了孩子喜愛坐車的需求，雖然需要繞遠路，還是可以魚與熊掌兼得。前往青田街時，也讓洋開心地換了幾趟車。

有著台北最美巷弄之稱的青田街，是台北市最有時光感的巷弄，隨處可見日式老屋，大樹成蔭，彷彿每個轉角都能碰到時間裡的光。

我們從新生南路上醒目的台北清真寺開始青田街的漫步，進入青田街七巷，隨即來到台大教授馬廷英的故居「青田七六」，這座美麗的日式建築與庭院，已是人氣沸騰的景點，想進去喝茶坐坐，得要碰運氣。

在青田街的巷弄裡，可以沒有目的地盡情迷路，尋找時間精靈，時而碰見殘敗到不知是否有人居住的屋瓦，時而見到隨紅磚攀爬的紫藤，這裡連公寓都出落得優雅。走累了，巷弄裡座落了不少小店，隨時可以隨性地找間自己喜愛的店坐下。

我們找到了一間像貓般蜷曲在寧靜巷子裡的「貳月咖啡」，大玻璃窗外是一間日式老屋。我們點了香濃的抹茶牛奶，孩子愛到不行，再加上布朗尼冰淇淋和檸

INFORMATION

交通　搭乘台北捷運到東門站或大安森林公園站，或搭乘公車到溫州街口，再步行前往。

★ 推薦　台北最美也最有人文氣息的一條街道，隨處可見日式老屋及成蔭大樹，充滿優雅氣息，彷彿每個轉角都能碰到時間裡的光，還有隱匿其中的咖啡館與書店。

1 我們總是在巷弄間發呆　2 巷弄裡的綠意　3 巷弄裡的貳月咖啡

檬塔。雖然因為洋坐不住而無法久待，但這個咖啡館對我們來說，就像午後陣雨過後留在樹葉上的雨滴一般，清新解暑。

離開咖啡館，前往附近一間極為迷人的書店——旅人書房 Zeelandia Travel & Books，位於一棟老公寓的二樓，有著老公寓狹長陡峭的樓梯，一樓用鐵板做成鏤空的招牌，夜晚發著微光。

旅人書房的空間雖然簡單，但老空間只要擺上書架、木桌、書籍，味道就灑了出來。尤其是靠窗的那一排座椅，外面的光線透過玻璃窗映射進來，朝窗外望去，則是老房子和綠樹，好宜人的風景；點杯飲料，拿本好書，就可以消磨一整個下午。

午後下過陣雨的潮濕尚未散去，咖啡館甜點與書店的香氣，彷彿也將青田街的優雅融合在這個理想的午後。

景點

青田七六　台北市大安區青田街七巷六號

貳月咖啡　台北市大安區青田街十三之一號

旅人書房 Zeelandia Travel & Books　台北市大安區青田街十二巷十二之二號

懷想河邊料亭風華

紀州庵文學森林。同安街麵線糊

幾年前，偶然造訪當時剛建好的紀州庵文學森林會館，才發現紀州庵的日式老屋早已殘敗不堪，看起來修復所要花費的金錢與人力，並不容易。幾年後，聽說紀州庵的日式建築重新開放了，我很好奇到底修復成什麼模樣，卻一直沒時間到訪，之後終於因為洋喜歡普契尼的《蝴蝶夫人》，而帶他去了紀州庵。

紀州庵位於同安街，坐捷運到古亭站後就會有指標。同安街是條老街，日治時代就已經存在，當時叫川端町，因為旁邊就有溪川，還有連接萬華與新店的萬新鐵路（已拆除）經過，日本人喜愛在這裡遊船和欣賞河岸風景，在河邊飲酒作樂，河邊的料理亭開了不少家，紀州庵正是其中一間。

一九一七～一九二八年，日本平松家族在新店溪畔興建「紀州庵支店」，包括本館、離屋與別館，樓高三層，館與館之間還有橋連接，從三樓的高度就可以望見新店溪的水岸風景，除了美食還有美景，甚至可以召藝妓共歡，人聲鼎沸。

不過，隨著日治時代結束，這些風情也化為過眼雲煙，國民政府來台後，紀州庵變為公務人員宿舍之用，也成就了王文興老師的兒時記憶。後來紀州庵經過祝

INFORMATION

交通　搭乘台北捷運到古亭站，2 號出口，往同安街方向走。

推薦　同安街是條老街道，直行可以前往紀州庵，原是日治時代知名的料理亭，民眾會來此飲酒作樂，文學大師王文興幼時也在此居住過，現已整修規劃成紀州庵文學森林。

1 紀州庵與老樹　2 遊人最喜愛的緣廊空間　3 文學大師王文興幼時曾經住過紀州庵

融肆虐，崩壞傾頹，甚至曾經要被全部拆除改建成停車場，引發居民反彈；此外，這裡也是王文興《家變》書中的記憶場景，這本在台灣文學史上地位崇高的小說所引發的文學地景與小說文本描繪，成為紀州庵得以保存的最重要因素，讓紀州庵重新找到一個與時代結合的位置。

修復後的紀州庵，已經與我之前看過的殘敗景象天差地遠，只留下一層樓的離館部分，並經大規模改建，不過仍保留了原有的日式格局與式樣，一點也不粗糙，裡面的榻榻米空間不小，兩旁的簷廊是人們最喜愛坐著休息談天的地方。

紀州庵旁就是後來建立的紀州庵文學森林，是一座清水模和木頭混搭的建築，除了展覽之外，還有茶館，也會辦理各種文學活動，已經是台北的重要藝文空間之一。

走在前往紀州庵的同安街上，一定會經過一間很知名、很受歡迎的小吃店，是一間賣麵線糊和麵線羹的老店。

漫步在同安街附近，很難不被周遭的寧靜氣氛感染，而且俯拾皆是。

景點

紀州庵　台北市中正區同安街一百零七號

同安街麵線糊　台北市中正區同安街八十五之一號

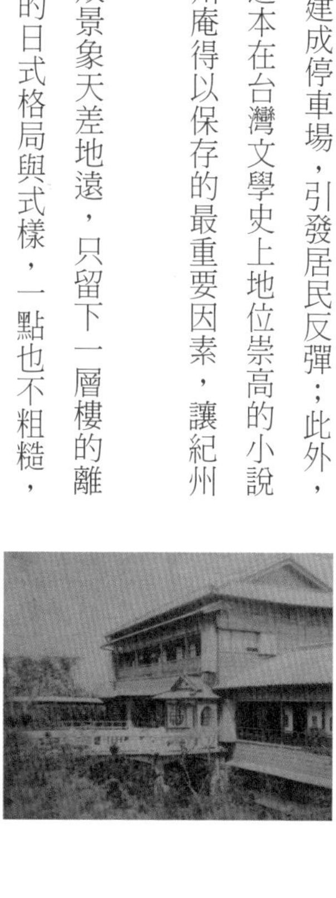

日治時代的紀州庵

北投捷運之旅

溫泉博物館。北投兒童樂園

孩子有段時間頗愛坐前往北投的捷運，於是我們經常去搭乘，並且發現夏天前往北投的人明顯少了許多。往新北投的捷運支線經過特別包裝，裡外都是溫泉風情，車子也開得特別緩慢，車廂內還有檜木桶等溫泉相關造景，以及北投溫泉的介紹，算是前往北投前的醞釀。

新北投站附近的景點很多，我們帶著用小相機興奮地到處拍照的洋，走在綠意盎然的大樹下，微風輕拂，到處都是生命旺盛的綠意。途中會經過號稱台灣最美圖書館的台北市立圖書館北投分館，綠建築的樣態緊密地融合在這個古老的溫泉公園裡。

來到北投，一定要去的是北投溫泉博物館，不論是建築、空間、光影、門窗等細節，都叫人著迷，即使人多也一樣。

北投溫泉浴場建於一九一三年六月十七日，佔地約七百坪，是兩層樓仿英式磚造建築，為當時最大的公共溫泉浴場，一樓為磚造浴池，二樓為木造休息區，並設有娛樂室等。一九四五年，國民政府來台之後，此浴場曾一度成為民眾服務社

INFORMATION

交通　搭乘台北捷運到北投站，再轉乘支線到新北投站。

推薦　北投溫泉在日治時代就相當知名，有相當多的溫泉澡堂、旅館，走在這一帶，到處都有懷舊的氣氛，非常適合小旅行漫遊。

及游泳池，之後因不再使用而荒廢。

一九九五年，北投國小的一群師生發現這棟建築具有保留意義與相當的歷史價值，積極向台北市政府申請，保存了這個公共溫泉浴場，成為「北投溫泉博物館」，並在社區志工、居民的努力下，成就了今日所見的風華。

該館現已列為台灣第三級古蹟，館內規劃有一樓二樓展區，以北投溫泉發展史為主題，完整保留了原來的浴場設施和結構，裡面的一磚一瓦，每一扇門與窗，都承載了過往的許多故事。戶外草坪優美，再加上建築典雅，常可以看到許多人在此拍婚紗照。其實，博物館本身就是一座小小的寶庫，可以端詳的細節非常多，而孩子倒是對博物館裡的一些舊北投車站模型很有興趣，一直拿相機拍照。

日治時期，北投就以溫泉著稱，一九三九年北投溫泉公共浴場（現今的溫泉博物館）落成後，人潮更是絡繹不絕，而位於正對面的「北

仿英式磚造建築的北投溫泉博物館

投兒童樂園」，就是在這樣的時空背景下成立；園裡磨石子溜滑梯、鞦韆等樸實的遊樂設施，是許多北投人小時候的回憶，也是孩子來北投最喜愛的地方。這座一般人不太會前往的超復古兒童樂園，大樹林立，超長的磨石子溜滑梯連大人也忍不住想玩。風吹著溜滑梯旁那棵巨大的槭樹，夾雜著洋的笑聲，好像疊合著過去這裡曾經歷過的每一個夏天，初夏的聲音在北投響起了悅耳的音符。

景點

新北投景點 北投公園、北投溫泉博物館、凱達格蘭文化館、北投圖書館、北投兒童樂園、地熱谷、梅園

1 捷運北投支線　2 北投兒童樂園裡的磨石子溜滑梯

親子民主小旅行

蔣渭水紀念公園。蔡瑞月舞蹈社

捷運雙連站附近是台北市的老社區，有著許多傳統的小吃、老店、市場等，是個在巷弄裡閒晃就會發現許多趣味的地方，我個人很喜歡來這裡。

看了玉山社出版的《自由背包客——台灣民主景點小旅行》之後，對於台灣各地與歷史和民主發展相關的地點也更加認識，很喜歡這樣年輕的作者可以運用旅行這個題材，融進看似生硬的民主課題。在雙連站附近，就有幾處與台灣歷史和民主發展很有淵源的地方。

雙連站附近，有蔣渭水紀念公園、蔡瑞月舞蹈社、靜修女中、二二八事件引爆地天馬茶房、台灣民眾黨成立處等可以作為民主小旅行的景點。

蔣渭水紀念公園位於雙連國小對面，前往途中經過一個傳統市場，買了好吃的糖炒栗子，然而來到為紀念有台灣國父之稱的蔣渭水而成立的紀念公園時，卻發現非常冷清，幾乎沒什麼人，和兩旁殘破老舊的老房舍一樣，讓人不禁覺得有點感傷，但這裡真的是個舒服的小公園。

離雙連站較近，隱藏在中山北路大樓之間的，則是另一個民主景點——蔡瑞月

INFORMATION

交通　搭乘台北捷運到雙連站。

推薦　雙連站附近有不少與台灣歷史和民主發展相關的場所與場景，如蔣渭水紀念公園、蔡瑞月舞蹈社、靜修女中、二二八事件引爆地天馬茶房等。

1

2

舞蹈社。這裡原是建於一九二〇年的日本文官宿舍，後來成為台灣現代舞之母蔡瑞月從事舞蹈教學的地方，本來即將面臨拆除，經搶救後，於一九九九年被列為台北市定古蹟。之後又遭祝融肆虐，二〇〇三年修復完成重新開放，並成立跳舞咖啡廳。

這也是一個在市區裡難得幽靜又讓人感到放鬆的地方，除了可以認識一生都為現代舞與舞蹈教育奉獻的蔡瑞月女士外，也可以在跳舞咖啡廳坐下來休憩、吃飯、喝咖啡，感受這裡特有的歷史與文化氛圍。

藉由旅行的腳步，認識與自己土地息息相關的地方，我想也是很重要的事，我們不必以沉重的心情看待，但卻可以用不同的方式開啟和增加我們的視野。

景點

蔣渭水紀念公園　台北市中山區錦西街五十三號

蔡瑞月舞蹈社。跳舞咖啡廳　台北市中山區中山北路二段四十八巷十號

1 寧靜小巧的蔣渭水紀念館　2 已是古蹟的蔡瑞月舞蹈社

老台北時光散策 1

濟南基督長老教會。台大醫院舊館。台北州廳

在台北，我個人覺得最美的教會建築，是位於濟州路與中山南路交叉口的濟南基督長老教會。有多美？當你站在這座教堂前，真的會以為是在歐洲古老的教堂前面，令人震懾。記得有一次經過時，天空藍得像海，長老教會矗立在藍色的邊緣，美到令人屏息。

濟南基督長老教會，在台灣有許多歷史沿革與故事，是日本基督教會來台時的重要據點，前身為台北教會。一八九六年九月，在台灣人基督徒富商李春生與加拿大長老教會馬偕博士的幫助下，台北教會開始有固定的聚會場所，後來信徒提議興建會堂，於是在多年的籌款與奔走下，終於由當時知名的建築設計師井手薰先生設計，完成了現在所看到的長老教會建築。

濟南基督長老教會承襲了哥德式教堂的建築美學，大概是全台灣最美的哥德式教堂，有哥德式小尖塔、石雕百葉窗，並運用唭哩岸石砌成拱門，看起來氣勢磅礡，充滿英國維多利亞的磚造教堂風格，光是站在教堂前面，即使不是教徒，神聖的力量也瀰漫在眼前的各種感官中，不言可喻。

INFORMATION

交通　搭乘台北捷運至台北車站或台大醫院站。

★ 推薦　總統府附近留著相當大量的官方歷史建物、古蹟，能將你喚回到百年前。

濟南基督長老教會是極美的維多利亞紅磚風格教堂

長老教會附近，忠孝東路與中山南路交叉口，可以見到監察院，這是棟每次經過都忍不住讚嘆的經典建築，日治時期是台北州廳，為當時台北州的行政中心，一九一五年完工，由森山松之助設計建造（台北賓館也是他的作品），可以說是台灣保存最完整的巴洛克建築之一。

這棟建築古典繁複，許多細節都極為考究，即使有點褪色，紅磚加上白色石子的雕飾和裝飾，依然讓人駐足品味。每次經過這裡，都只想把腳步放慢，仔細端詳這棟已有百年歷史的建築。說起州政廳，台北、台中、台南的州政廳都被完整保存，也都是極美的建築；百年之後，這些建築都呈現了不同的顏色與樣貌。

離開了有著歐式古典哥德之美的濟南基督長老教會和古典巴洛克的監察院之後，隔著中山南路，對面也是一座典雅的大正時期

百年之後仍在為人們服務的台大醫院舊館

建築，而且是很重要的醫療單位，那就是台大醫院舊館。

台大醫院原稱台北病院，是台灣近代醫療最重要的醫學機構，最初為木造建築，一九一二年，開始以紅磚與鋼筋混凝土改建，全部於一九二〇年落成，是經典的百年建築，也就是今天台大醫院舊館。舊館的設計者是東大出身的近藤十郎，外觀承襲古典文藝復興的建築形式，華麗宏偉，屋頂採用的是三角形山頭及弧形山牆，中央山牆與牛眼窗的呼應，紅磚與混凝土的結合，再加上柱飾、窗旁的雕花與古典建築形式，若不說是醫院，真會以為是座雄偉的博物館，是當時極具代表性的建築物之一。

這些雋永經典的建築，百年來，不知有多少在台灣舉足輕重的人物曾經進出過，儘管時代轉換，卻仍用不同的方式被保存下來；或許建築物已經老舊，也需要花很多經費維修，但它所代表的意義應該已超越新舊，而是一種傳承與時代。

景點

濟南基督長老教會　台北市中正區中山南路三號

監察院　台北市中正區忠孝東路一段二號

台大醫院舊館　台北市中正區常德街一號

老台北時光散策 2

二二八和平紀念公園。國立台灣博物館

現在的總統府附近，在日治時代就是權力與政治的中心，附近群聚著眾多的公家單位與建築，國民黨來台後，這些建築也成了不同的政府單位。走一趟博愛特區，仔細端詳，將可以欣賞到眾多經典而華麗的老建築。

在二二八和平紀念公園裡，有一座博物館，是我心目中全台灣最美的博物館——國立台灣博物館，成立於一九〇八年，是台灣歷史最悠久的博物館，前身為台灣總督府博物館。

這棟建築於一九一三年開始建造，由日籍建築師野村一郎與荒木榮一設計，一九一五年完工，博物館正式遷入，距離現在已經有一百年，被列為國定古蹟。國立台灣博物館建築的風格有著文藝復興風格與巴洛克建築的美，寬大渾厚的圓柱，充滿古希臘神殿的古典氣息，不論裡外，本身就是一件藝術品。國立台灣博物館也是日治時代台灣博覽會中的重要會場，當時這座位於新公園內的會場，展示了來自日本各地的展館，讓人們了解當時日本進步的情形，我想這也是對殖民地的一種洗腦。

INFORMATION

交通　搭乘台北捷運到台北車站或台大醫院站。

推薦　二二八和平紀念公園裡的台灣博物館，是我心目中台灣最美的博物館；此外還有台北市立二二八紀念館、蒸汽火車騰雲號等，都是台灣相當重要的歷史痕跡。

現在的台灣博物館，看起來仍然雄偉古典，不定期會推出各種展覽，而館藏「國姓爺鄭成功御真」、「康熙台灣輿圖」與「台灣民主國國旗藍地黃虎旗」則並列為三大鎮館之寶。

博物館對面還有一大亮點，就是台灣最早的蒸汽火車——騰雲號的展示，這也是我們家小孩最喜愛的地方，總是不斷地看著裡面的兩座老火車頭，以及按著會發出火車聲音的講解設施。

博物館旁還有另一座古蹟——急功好義坊，為三門四柱格式的清朝牌坊，本為清政府表揚洪騰雲為參加科舉考試的學生興建考棚的義舉而建，日治時代被遷移至此。

而在二二八和平紀念公園裡，最重要的就是呈現二二八事件完整真相的台北二二八紀念館。台北二二八紀念館在日治時代是台北放送局，作為廣播放送之用；國民黨政府來台後，台北放送局改為台灣廣播電台。一九四七年二月二十七日在台北市發生私菸查緝血案，引爆衝突，進而觸發了二月二十八日市民的大規模請願、示威。事件發生時，有民眾衝進了廣播電台，對外播音以控訴政府，成為

1 急功好義坊　2 孩子爭相按著會發出火車聲音的講解設施

重大引線之一。

日治時代的廣播電台放送亭，目前也在公園中，只是常被人忽略；它是一座高約二公尺，看起來很像石燈籠的亭子，卻有著閩式屋頂，網狀的四角方牆裡藏有喇叭可供廣播。日本戰敗時，天皇的廣播放送，這裡也聽得到吧。

從國立台灣博物館方向走出公園大門，對面還有一座極為講究的古蹟，是原日本勸業銀行台北支店，一九三三年建造，現在作為「國立台灣博物館土銀展示館」。當時的勸業銀行就像現在的中小企銀。這座古蹟的建築風格，與台灣當時流行的希臘、羅馬風格不同，有著濃厚的中美洲馬雅建築風格，非常大的石柱，石柱和山牆上有著獸雕飾和捲曲植物的紋樣，帶著一種神秘與宗教般的莊嚴穩重。

在二二八和平紀念公園裡，混合了許多不同時代的新舊元素，光是走一遭，就好像走過台灣所經歷的好幾個時代。

國立台灣博物館本身就是一件藝術品

台北老時光散策 3

衡陽路與榮町通

衡陽路在日治時代稱為榮町通，是台北市當時最繁華的街道之一，甚至有台北銀座之稱，台灣的第一間百貨、第一座紅綠燈都在這條街上。榮町通也是日本人在日治時代拍攝台北街道最常見的場景。

如果站在二二八和平紀念公園的西門，往衡陽路望去，對照日治時代的舊照片，左邊的公園號酸梅湯本是一家洋服店，而在這個方向，推薦必買公園號的酸梅湯和酥脆的烤餅。衡陽路和重慶北路的交叉口，就是以前榮町通和本町通（現在的重慶南路）的交叉口，交叉口附近有好幾棟值得了解的建築，其中現為金石堂城中店的建築是最完整的美麗建物，從前是當時很有名的西尾商店；金石堂對面原是我們兒時非常熟悉的東方出版社，日治時代是新高堂書店，歷史悠久，可惜原本的建物已經拆除。

金石堂斜對面是舊時的大倉本店，國民黨來台後，變成了與蔣家關係非常密切的正中大樓，也就是正中書局，當時出版了不少國民黨和政府的出版品，資產驚人。現在的星巴克，以前是很有名氣的辻利茶舖；以前賣茶，現在賣咖啡，還頗

INFORMATION

交通　搭乘台北捷運到台北車站或台大醫院站。

★ 推薦　衡陽路在日治時代稱為榮町通，是台北市當時最繁華的街道之一，甚至有台北銀座之稱，台灣的第一間百貨、第一座紅綠燈都在這條街上。

有傳承的意味。

走過了榮町通和本町通的路口，繼續往西門的方向走，可以看到衡陽路兩側的店舖還留著一些洋樓和老屋，但絕大多數都已改建成現代化大樓，不過走在騎樓下，仍可見到舊時的拱形老街街廓，見到已經停業的白光攝影。

衡陽路與博愛路交叉口，日治時為榮町通和表町通的交叉口，也是非常繁榮的街口，台灣第一座紅綠燈就設在這裡，還有台灣第一座百貨公司菊元百貨也設在這個路口。菊元百貨於一九三二年開幕，和台南的林百貨同一年，但現在兩者的命運卻大不同，相較於林百貨的再現風華，菊元百貨的命運顯得悲涼許多，目前外牆被整個包覆成國泰金融大樓，正等待有人將它的封印解除。

衡陽路上，唯一保留最完整的時代痕跡，是現在合作金庫使用的建築，原為台北信用組合，國民黨來台後，變成台北第十信用合作社。這座興建於昭和初期的建築，已經九十歲，典雅的義大利文藝復興式樣與浮雕，依然美麗如昔，上面還有貓頭鷹雕像日夜守護著。合作金庫對面是一條小小的街，叫作桃源街，有相當美味的趙記菜肉餛飩，是我以前到西門町必吃的店，另外還有桃源街牛肉麵，也相當受人歡迎。

過了台北信用組合，就已經快到中華路，而不遠處的中山堂也絕不

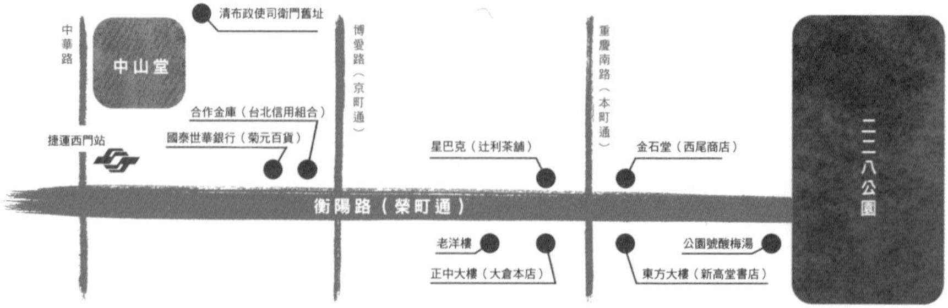

日治時代的榮町通（上）與現在的衡陽路（下）

要錯過。一九三六年建造完成的中山堂，以前稱為台北公會堂，是當時台灣最大的集會場所，戰後被選為二戰中國戰區受降儀式的地點，之後更名為中山堂。在清代，這裡是台灣巡撫衙門和台灣布政使司衙門的所在地。

公會堂建築是現代主義作品，共有四層樓，內部的樑柱、樓梯、窗戶等，都未改變過，相當講究，目前作為表演和放映電影的場地。不論你到這裡來欣賞什麼，都可以感覺到有許多影像疊合在一起，也不管這裡曾經是多麼政治的一個場所，建築裡的每個磚塊就像是攝影機般，播映著曾經的過往。

中山堂旁就是延平南路，有不少懷舊的老店滋味，雪王冰淇淋、東一排骨、清真牛肉麵等。另外，知名的上海隆記菜館、懷舊的咖啡館也都在中山堂旁，可以說是老店美食群聚的地方。

走一趟榮町通，雖然時光已經過去，但踩踏著過往的風華，對比截然不同的現代街道，甚至懷想起曾經人聲鼎沸、盛極一時的中華商場，火車行駛過的聲音彷彿仍在耳邊迴盪。一座城市的前世今生，不只追憶，更是城市邁向未來的基石。

店家推薦

趙記菜肉餛飩　台北市中正區桃源街五號

桃源街牛肉麵　台北市中正區桃源街十六號

雪王冰淇淋　台北市中正區武昌街一段六十五號二樓

上海隆記菜館　台北市中正區延平南路一百零一巷一號

老台北時光散策 4

北門。郵政總局。撫台街洋樓。六十年豬腳飯

喜愛老台北的人，只要在火車站附近晃蕩，就可以得到許多滿足。

清代的台北城建了四個城門，建完不久，台灣就被割讓給日本，城牆被拆除了，但除了西門外，其他的城門都被保留下來。其中的北門，又稱為承恩門，是當時台北府城的正門，建於一八八四年，是目前台北城門中唯一保持原貌者，也是世界僅存的閩南式碉堡城門；看到北門，還真會覺得城門內彷彿就有綁著陽春辮的士兵守衛著。

北門對面，是我個人很喜歡的經典古蹟——台北郵政總局，前身是劉銘傳所創設的「郵政總局」，日治時代搬遷至此，為日本在台灣建的第一個郵局，原是木造建築，但因祝融燒毀，一九二八年四月動工新建，一九三〇年四月完工，四層樓的建築充滿了巴洛克與古典建築之美。

每次坐車經過這裡，總是忍不住要多看兩眼，也想起了京都三条通上的那些近代建築，感覺郵政總局一點也不輸那些建築。現在這裡還承載著許多郵局業務，是國家三級古蹟。

INFORMATION

交通　搭乘台北捷運到台北車站或北門站。

推薦　穿過從清代保留至今的北門，走訪古典美麗的郵政總局、撫台街洋樓，然後以銷魂的六十年豬腳飯、東坡肉飯作為享受老時光的犒賞。

郵政總局對面有一間豬腳飯老店，是六十年老店。我並不是愛吃豬腳的人，但是經過這間鄭記豬腳飯老店時，那個滷汁的味道實在是太銷魂了，還沒回神就已經坐在騎樓下，拉了鐵板凳，五點不到就叫了一碗豬腳飯。

然後，不愛吃豬腳飯的我，吃了這輩子最好吃的一碗豬腳飯，那個豬腳的香味與陳年滷汁的滋味，還有每個部位都滷得好有咬勁和口感的肉塊；配菜雖然簡單，但與豬腳相得益彰。隔壁位置上的計程車運將點了東坡飯，看起來也一樣銷魂。

豬腳飯老店旁邊，就是非常美麗的撫台街洋樓，是台北目前留存的日治時代商用建築之一，一九一○年建造。國民政府來台後，曾是《人民導報》社社址，後來被軍方接管，成了警備總部的諮詢案情室，失去了商業洋行的價值，之後又成了許多退休軍眷的寓所，後經大火又重建。撫台街洋樓由石木混合建造，十分獨特，因為有大量的石材，也被稱為石頭屋，有精美的石拱騎樓，屋頂是仿蒙薩雙脊

1

屋頂形式，陡斜屋頂和突出的老虎窗，都讓它有著歐洲貴族般的氣息。

在這裡走晃並感受這些不同時期與不同時代的建築氣氛，如同坐在時光機裡一樣，從清朝到日治時代，從公部門到商行，再回到了台灣的古早味豬腳飯，大大滿足了像我們這樣不停找尋著舊時代的旅人胃口。

景點

台北撫台街洋樓　台北市中正區延平南路二十六號

台北府城北門　忠孝西路、延平北路、博愛路交叉口

台北郵局　台北市中正區忠孝西路一段一百一十四號

鄭記豬腳飯　台北市中正區延平南路二十二號

3 2

1 巴洛克建築式樣的台北郵局

2 優雅美麗的撫台街洋樓

3 北門高架橋尚未拆除時的北門

大稻埕外圍

赤峰街五號的那些事

很多城市裡的記憶，也許都會因為建築的崩毀而消逝，但幸好人的記憶不容易抹滅，即使肉身死去，書寫的記憶卻可以將那些家與城市的故事留下來。台大李日章教授的《赤峰街五號的那些事》，描寫了七十年前兒時住在大稻程外圍的赤峰街五號的故事，是他的家族故事，更是時代與城市的故事。

喜愛在中山北路巷弄裡晃蕩的人，應該對赤峰街不陌生。中山北路附近的巷弄裡有不少迷人的小店、咖啡館，從這裡連接到南京西路的巷弄，再一路連到赤峰街，都很有氣氛。

我參加了李日章教授的導覽活動，從承德路二段一巷出發，一開始老師就講起了這裡是曾寫過〈港都夜雨〉的知名作曲家楊三郎的故居，說他很榮幸和他當鄰居，興致一來，還唱起了〈港都夜雨〉；陽光迷離，老師的歌聲在巷弄間散發著歲月感。

承德路二段一巷可直接接到赤峰街，以前的房子式樣多是土洋雜處，因為在大稻程外圍，有錢的人比較少，沒有像大稻程那樣華麗的樓房，而是矮房，不過目

INFORMATION

交通　搭乘台北捷運到中山站。

推薦　赤峰街屬於舊時大稻埕的外圍，藉由李日章教授在《赤峰街五號的那些事》書裡描述的兒時記憶與故事，走訪這些故事場景。

前赤峰街的前段已經看不到這些房子的蹤跡，大都已經改建成現代房子，李老師的舊居赤峰街五號也是。繼續往前走，有些巷弄極小，老師說以前這些巷子再過去就是北淡線。

這附近有一個很大的公園，以前曾經是台北市第一個兒童樂園，後來才遷到圓山，假日會有很多親子家庭在此遊憩，一路會經過許多可愛的小店。走到了赤峰街四十七巷，終於看到了有著過去風華的老洋樓，而且為數頗多，一整條巷子都是；洋樓雖然已經老舊，但都有人在住，但這條巷子的房子因為營業關係，充滿了機油味。再走入赤峰街四十九巷，這裡保存了大量的兩層樓洋房，還有運用老屋開的小店，是條安靜的時光小巷。

結束了赤峰街的時光旅行，回到了車聲鼎沸的承德路二段，這裡以前是一整條的打鐵仔街，謝長廷就是這裡出身。承德路旁的平陽街上有一處三級古蹟，是陳氏宗廟舜帝殿，廟宇相當美麗，有著各種精雕細琢的雕花，還有一個復古精巧的幼稚園。

1 赤峰街巷弄裡的小店　2 赤峰街的巷弄風情

離開了舜帝殿，前往李老師唸的小學——日新國小；老師講到日新國小，也講了幾個台灣赫赫有名的人物都是這裡畢業的，譬如連戰、謝長廷，以及和老師小學同班的大作家郭松棻，尤其是在講到郭松棻時，老師有特別多的回憶與故事。

日新國小已近百年，九十多年前建的紅磚建築仍然閃閃發亮，這些老建材老建築經過了那麼多歲月的洗禮，更加迷人，光看著那些牆，就讓人不想離去。日新國小對面以前是大中華戲院，李老師說，過去極盛時期，這附近有將近十個戲院和看戲的地方，包括遠東戲院、國聲戲院等，非常驚人。

在李老師的帶領下，小旅行並沒有結束，我們知道這只是開始，在我們的城市，還有更多的時代故事等著我們挖掘，需要我們傳承。

店家推薦

小器食堂　台北市大同區赤峰街二十七號

穀樂商行　台北市大同區赤峰街二十六號

果昂甜品 illuminé　台北市大同區赤峰街四十三之一號

岩筆模　台北市大同區赤峰街三十二之一號

Miss V Bakery　台北市大同區赤峰街四十九巷二十二號

搭紅26去淡水

紅毛城。牛津學堂。滬尾砲台

洋洋最近愛上了一本書，叫作「車窗外的慢速風景」，教讀者如何坐公車在台北漫遊，書裡面有很多公車路線介紹，讓公車迷的洋洋非常喜愛。有一次，他指定要坐紅26，於是我們坐了好久的捷運到淡水，車廂上人山人海——這也是我們不是太喜歡搭捷運到淡水的原因，人永遠好多，很難悠閒。

由於紅26經過的站都是很有名的觀光景點，上車的人很多，第一站是我們已經很久沒來的紅毛城。這個在台灣極度重要的古蹟，最先是由一六二八年佔領台灣北部的西班牙人所建，稱為聖多明哥城，後來被摧毀，在一六四四年由荷蘭人重建，稱為「安東尼堡」，目前所看到的建築本體就是當初荷蘭人建造的模樣。

不過，紅毛城的身世坎坷，因為地理位置重要，每次只要有戰爭，就會被佔領，歷經了非常多的國家與事件；目前，紅毛城已是國家一級古蹟。紅毛城旁的前清英國領事官邸，參觀的人也很多，人聲鼎沸。這座已有一百多年的英國領事官邸，建於一八九一年，當時英國在打狗、安平和淡水分別設有領事館，打狗的最早，淡水最晚，沒幾年台灣就割讓給日本了。

INFORMATION

交通　搭乘台北捷運到淡水站，再轉搭紅 26 號公車。

推薦　淡水一帶自古就是重要的軍事據點，留下了很多歷史的痕跡與建築，也一直是許多文人雅士喜愛的地方。

1

2

這座紅磚洋房建築煞是好看，據說紅磚都是從廈門運來的，屋頂是閩南紅瓦，外觀是有著圓拱迴廊的式樣，二樓展出很多過去台灣知名畫家為淡水所畫的畫，包括陳澄波、郭柏川等相當知名的畫家，顯示淡水從以前到現在都十分受藝術家喜愛。

領事官邸外的大砲是英國人搬來的，不過是沒有用途的大砲，真是誤會一場。領事官邸旁，有門可以直接通往真理大學。真理大學裡也有相當多的古蹟，最先見到的就是令人震撼的大禮拜堂，是哥德式的大教堂。真理大學的前身就是馬偕博士建立的台灣第一個新式學堂牛津學堂，也就是理學堂大書院，百年的紅磚學院建築上方，刻著「理學堂大書院」的字樣，而裡面則展出馬偕博士遠渡重洋來台灣，費盡千辛萬苦，為台灣人犧牲奉獻的故事和事蹟，再次說明愛台灣真的和是什麼人沒有關係。

離開紅毛城周邊，滬尾砲台是下一個目的地。滬尾砲台最近的名氣頗為響亮，因為雲門的新家就建在那裡，是黃聲遠建築師事務所設計建造的。滬尾砲台曾經是台灣很重要的軍事要地，建於一八八六年，是台灣第一位巡撫劉銘傳為了防衛淡水港所建，現在上面還留有劉銘傳親筆所寫的「北門鎖鑰」石碑，砲台城門目前還保留得相當完整。滬尾砲台的陣地裡，最值得一訪的就是砲台下連通的坑道，是作戰時供士兵躲藏並操作砲彈的地方，所有砲台的坑道都連在一起；如今砲台大多已經損壞，但坑道仍維持得很好。

淡水自古就是文人喜愛之地，景色和人文氣息皆重，雖然遊客很多、令人煩躁，但是仔細踏查和尋找，還是可以找到許多別人所不知道的淡水之美。

1 滬尾砲台城門洞與北門鎖鑰石碑　2 英國領事官邸與舊大砲

台北百年山城

蟾蜍山。煥民新村

很多人都知道也喜歡公館的寶藏巖，這是台北很珍貴的一處歷史聚落，而我也就一直只知道寶藏巖這個地方，所以當我看到朋友分享另一處幾乎看起來和寶藏巖一樣美的聚落時，頓時感覺到自己的孤陋寡聞。那個聚落稱煥民新村，就位在蟾蜍山山腳下，再往南一些，是文山區知名的仙跡岩。蟾蜍山和仙跡岩有一段小小的仙人故事，傳說古時在公館一帶有蟾蜍怪作怪，呂洞賓因此下凡來將牠制伏，因為太過使勁，留下了足跡成為仙跡岩，而被制伏的蟾蜍怪就變成了蟾蜍山。

蟾蜍山與煥民新村位於公館圓環附近，沿著民族國中的圍牆直行，就可以抵達，指標在路邊，盡頭就是蟾蜍山了。

一眼看到蟾蜍山，就會聯想到寶藏巖，然而蟾蜍山和煥民新村就像是還未被發現的寶藏巖一樣，有著時代衰頹所遺落的美。蟾蜍山一帶其實是公館地名的起源，清代時，這裡是外地進出台北盆地的要衝，所以有公館古道，而曾經是台北重要灌溉水源的瑠公圳，也是從蟾蜍山分支流入台北盆地，小橋流水的親水生活姿態，與現在台北的生活樣態似乎相當遙遠，又有多少人的記憶中存有瑠公圳的

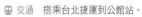

INFORMATION

交通　搭乘台北捷運到公館站。

推薦　很多人都知道寶藏巖，但未必知道蟾蜍山和煥民新村，這裡是座百年小山城，是很重要的時間遺跡。

1 蟾蜍山與煥民新村　2 依山而建的煥民新村　3 眷村中的光影

痕跡呢？

國民黨政府來台之後，蟾蜍山成了「空軍作戰指揮部」，有了煥民新村這個空軍眷村，如今來到這座幾乎已無居民的眷村，仍然會讚嘆這座依山而建、高低層次分明的眷村之美。這座小山城，甚至可以說它是台北的小九份。

儘管如今一切都已殘敗不全，但沿著山坡拾級而上，看到那些老屋、窗戶、小門、狹小的巷弄、蔓生的藤蔓植物，夾雜躲藏在其中的是數不盡的時光與故事，只等著被遺忘。這裡也曾經是侯孝賢早期的《尼羅河女兒》等電影作品，以及一些台灣新電影的重要場景。

之前，蟾蜍山的部分區域與煥民新村被劃入台灣科技大學的公館擴建預定地，預計在二〇一三年拆除，後來在民間奔走下，才苟延生存下來，但居民大多已經搬走，留下荒廢的山城；直到二〇一六年，台北市政府文化資產審議委員會通過，劃定公館地區蟾蜍山聚落的文化景觀全區予以保存，令人振奮。

當一座城市不斷地快速發展成大都會，不斷地向現代化邁進時，所有過往的歷史與城市的足跡，就要因為不被需要或是沒有用了，而只能被剷除或遺棄嗎？世界上任何一座偉大的城市之所以偉大，絕不是因為有多少新的東西，而是因為擁有城市的故事與歷史文化，我們才能面對、看見、留下過往的歷史痕跡，走向未來，這座已存在百年的山城，就是這座城市時間的反射，面對它，會是邁向偉大城市的其中一步。

水返腳老街

巴洛克古宅。金豐八寶冬粉

汐止離我住的地方並不遠，但我卻對它很陌生；住在附近四十年，總是只聽到它不好的一面，淹水、潮濕，還有林肯大郡。這幾年，汐止的環境改善許多，也不再聽到有淹水的事，甚至連房價都創下新高，不過要不是兒子邀約，找我們去坐605公車到汐止逛逛，我也不會因此對汐止改觀。

那天，我們在汐止神社鳥居前下車，水泥做的鳥居座落在大馬路邊的住宅區旁，看起來有點突兀。汐止神社建於一九三七年十二月五日，國民黨來台後被拆除，成為後來的忠順廟，但原來神社中的狛犬和石燈籠被保留下來，與廟宇結合。

汐止老街位在中正路上，我們沿著老街其中一個方向隨意走著，不小心就走到了河岸，原來老街就在基隆河邊。其實這並不意外，因為許多老街早期都是由水運開始的。然後我們就看到了兩棟非常華麗的巴洛克式老宅，看到時很驚奇，因為真沒想到可以在汐止老街看到那麼漂亮的房子。陳萬乞古厝和陳金古厝，是大正與昭和年間建造的房子，儘管殘破，卻依稀可見其當時的華麗。汐止舊稱水返腳，是潮汐返回之處的意思，早年因位於基隆河要衝而帶來了繁榮；看到這樣美

INFORMATION

交通　搭乘公車605或坐火車到汐止站。

推薦　汐止舊稱水返腳，汐止神社、老街、巴洛克洋樓、在地的老店與小吃，都讓我們見到自己所不知道的汐止。

汐止車站

麗的古厝，可以想見從前在波光粼粼的基隆河水岸上，船隻星羅棋布的畫面。

老街接近河岸這邊，目前做了休閒的生態廊道。我們繼續沿著老街，往汐止火車站的方向走去；這裡白天是熱鬧的市場，但傍晚看起來卻顯得整齊安靜，老舊的騎樓和屋瓦錯落，隨處可見歲月的痕跡。老街兩旁的商家雖稀稀落落，但招牌與房舍交錯，沒有過多的商業氣息，卻留下了真實生活的氛圍。老街上有許多老店面，包括米店、布商、藥行、香舖等。接近傍晚，肚子已有點餓，知道老街上有一間有名的小吃——金豐八寶冬粉，還沒走進店裡，就聞到好香的湯頭味；這也是一家老店了，八寶冬粉是必點餐點，簡單一碗冬粉便可嚐到肉羹、海鮮羹、木耳、金針、筍絲、金鉤蝦、香菇以及小魚乾，吃起來很像鼎邊銼，湯頭和真材實料都讓人驚艷。

沿著巷子往汐止火車站走，在火車站對面，赫然發現了一處非常驚人的宅院，不論是紅磚建築的古老，還是庭院的寬闊大氣，都使人驚訝，只是看起來已衰敗殘破，無人管理；這裡是曾為汐止第一富豪家族的周氏古宅，周氏家族早期因為經營礦業致富，後來家道中落，負債累累，周氏古厝和花園也遭法拍，大宅院的潦倒與衰頹，令人不勝唏噓。

座落在汐止車站對面的周氏古厝，就像是一道時間之牆，牆裡牆外彷彿兩個世界，牆外是喧囂的大馬路和汐止車站，象徵著開發過度的台北市。在汐止老街或許多巷弄裡，似乎還埋藏著許多不為人知的故事和店家，等著我們一一探尋。

1 潦倒傾頹的周氏古厝 2 令人驚艷的巴洛克古宅

台灣老街的想像

OLD STREET

台北市
基隆市
桃園市
新北市
台北三峽老街
新竹湖口老街
桃園大溪老街
新竹關西老街
新竹市
宜蘭頭城老街
新竹縣
宜蘭利澤簡老街
苗栗縣
苗栗苑裡老街
宜蘭縣
台中市
台中大里老街
彰化鹿港老街
花蓮縣
南投縣
彰化縣
南投中興新村
花蓮豐里村
彰化田中老街
雲林太平老街
雲林縣
嘉義市
嘉義縣
台南菁寮老街
台南市
高雄市
台東關山老屋
台南神農街
高雄旗山老街
台東縣
屏東縣

新竹湖口老街

守護家族與時間的故事

不知從那裡看到一個資訊，說湖口老街是台灣最美、保留最完整的一條老街。話說自己也去過不少老街，但很多老街都已過度觀光化，看不見真正的樣貌，所以一定得去親眼看看湖口老街。

抵達已經新建的湖口火車站，站前的巷弄，有不少客家小吃可以享用。湖口老街離火車站有點距離，顯見百年來湖口發展的變遷，舊湖口車站的位置就在現今老街入口處的湖口天主堂。

湖口地區因清代鋪設鐵路至此而開始發展，日治時代，縱貫鐵路完工，湖口站一帶越加繁榮，商業活動頻繁，而有了現今湖口老街的樣貌，直到後期鐵路路線改變，湖口車站移到現在的湖口火車站，也就是新湖口，老湖口因而沒落。

第一眼看到一整排的湖口老街，感覺果然名不虛傳，很少見到如此完整規模的老街，不論是房屋、拱廊、人家，甚至是生活步調，都讓人有進入時光隧道之感，重點是沒什麼遊客，更是大加分，尤其是帶孩子小旅行時；有些日本旅行團還專程來此參觀。這裡曾經有戲院，可見以前人口很多。

INFORMATION

交通　搭乘台鐵電聯車到新竹湖口站，在車站前搭計程車前往湖口老街，約十分鐘可達。

★ 推薦　搭火車小旅行的好地方。湖口老街是台灣最美的老街之一，喜歡復古老街又不喜歡觀光人潮的家庭，絕不可錯過。

老街不算短，穿梭在古樸、充滿時間感的騎樓與老房子旁，欣賞著種種停留在時空中的建築與人文之美，悠閒地坐下來吃點東西或冰品，舒服又愜意。老街裡的三元宮廟，歷史相當悠久，廟宇上的雕刻繁複華麗，已是地方的重要古蹟。

走一趟湖口老街，見證百年來湖口地區的風華輪轉，即使已經沒落，居民仍居住在老街與老屋中，守護著家族與時間留下來的故事。

老街的生活感

新竹關西老街

沒有喧嘩的恬靜小鎮

日本的關西我不知已去了多少回，但台灣新竹的關西竟幾乎沒有踏上過，和它見面時，還真有種相見恨晚的感覺。關西鎮，舊名為鹹菜甕，山產與漁獲皆豐，日治時代改名為關西，因為客家的鹹菜發音聽起來和日語的關西很像。關西鎮一帶自清代就已經開發，大約從現今中正路附近開始。關西鎮位於牛欄河與鳳山溪匯流處，百年前，因為位居交通要道，繁榮一時，目前的關西老街有許多屋子都已經超過百年。

在關西老街附近的東興社區隨意晃蕩，隨處都可以見到許多時光古樸的小巷。我們從一條小小的文人巷開始，這裡曾經是許多客家詩人吟詩作對的處所，巷弄旁是紅磚矮房，甚至還可以看到土牆屋；已被列為新竹縣歷史建物的關西分駐所所長宿舍也座落在此，門口的九重葛開得紫繽燦爛，木屋上方用鐵皮保護著，建築物看起來保存得還算完整，庭院造景呈現出有點野放的感覺，生意盎然。

從分駐所所長宿舍走出來，就可以看到同樣是歷史建物的關西分駐所轄屬新埔分局，這座台灣目前僅存、相當少見的警局建築，是和洋融合的RC磚造建築，

INFORMATION

交通　自行開車或搭乘客運前往。

推薦　百年前就已經開始發展的新竹關西，雖已沒落，但如今恬靜的小鎮模樣令人喜愛，更夾雜著百年來各時代的風華與生活氣味。

屋頂為日本瓦，大門有一山牆。

關西分駐所轄屬新埔分局旁就是關西老街，可見一整排已百年的矮房子；另一旁是菜市場，人聲鼎沸，好有生命力。我們前往那天，剛好關西老街有活動，顯得熱鬧非凡。早年中正路是關西最熱鬧的地方，聚集著竹編、打鐵、養蜂、中藥材等店家，後來因為交通改道而逐漸沒落。

關西老街其實已經沒落許久，這兩年才開始活絡。老街中最讓人喜愛的是其中兩間百年老屋，一間是七沁老屋，目前由喜愛關西老街的經營者承租，作為藝術工作室和展覽空間，重新賦予老屋新的生命；另一間是座落在中正路六十九號的有機書店，有機書店裡的書並不是賣的，而是以交換的方式與讀者交流，當陽光穿透進狹長的長屋挑高空間，彷彿書店是活的。

離開關西老街，可以前往台灣紅茶公司，這裡的紅茶在日治時代是奉獻給天皇的茶。另外，還有關西第一棟鋼筋水泥建築、如今看起來仍十分雅致的樹德診所，古典美麗、歷史悠久的東安古橋，以及許多偶像劇拍攝場景的關西天主堂，都讓人感受到這裡的時代性。在關西一帶所看到的許多歷史建物或文化資產，以及其所夾雜的百年來各時代的風華與生活氣味，都讓自己覺得對台灣這塊土地的認識實在太少，看得越多，除了更感到自己的無知外，也會更愛這片土地。

1 旅行是與家人共度的美好時光　2 仿古建造的東安古橋　3 迷人的有機書店

苗栗苑裡老街

偶然的相遇

有時，與一些地方的不期而遇，會更使人珍惜這些相遇。

久聞苑裡這個地名許久，卻一直無緣踏上；它位於苗栗與台中交界，為苗栗開發最早的小鎮，有苗栗米倉的美稱。

直到一次回太太的南投娘家時，順道去很有名氣的苑裡垂坤肉乾買伴手禮，才意外遇見對我來說很陌生的苑裡天下老街，初對上眼的那一瞬間，真是有種被電到的感覺，沒有商業氣息和改造過的苑裡老街，極為純樸與美麗。

苑裡在清代已經開始發展，是當時的交通要道。國民政府來台後，苑裡成為台灣從事帽蓆內外銷的大本營，是藺草編織的發源地，據說當時滿街都是曬帽蓆的盛況，光是帽蓆產業與代工，就滋養了許多家庭與人們，可惜我們無法躬逢其盛。

苑裡天下老街的老屋，很多都還是木造二層樓，和我在菁寮老街看到的老屋形式很像，顯見這是百年左右民家的木造形式風格。許多老屋雖然已經殘破不堪，但是紅磚、木造等都留下了無法抹滅的時光痕跡，且有不少老屋裡都還有人居住生活，不知已到第幾代？這樣的老街，沒有矯揉造作，也沒有過多的改造，只有

INFORMATION

交通　搭乘火車到苑裡站，徒步約十分鐘可達。

推薦　苑裡是開發極早的鄉鎮，曾經繁華一時，如今苑裡老街只剩下時間塵埃，極為純樸與美麗。

最純粹的時間記痕，對我來說，這才是最美的老街模樣。

《苑裡志》裡有提到苑裡八景，但大多已不復見：沙墩觀漁（今通霄鎮白沙屯海邊）、高寮望海（今通霄鎮新城秋茂園處）、虎嶼聽濤（今通霄鎮虎頭山）、蓬溪晚渡（今苑裡鎮房裡溪）、苑港停舟（今苑裡鎮苑港觀光漁港）、火燄夕照（今苑裡鎮南勢里火炎山）、滴水流甘田寮早穫（今苑裡鎮福田里）。

新舊老屋並陳的老街

南投中興新村

台灣最美的社區

如果在台灣，要我選一個最美也最適合人居住的地區，毫無疑問的，我的首選就是南投中興新村。中興新村這個美麗的地方，在我沒認識老婆之前並未去過，直到認識身為「中興人」的老婆，才有機會去認識這個靜謐又迷人的地方。

這裡曾經是台灣省政府的所在地，因此有非常多的公務員宿舍，當時建立與規劃中興新村社區時，是仿造英國城鎮的形式，房子所配置的庭院、樹木驚人，宛如一座巨大的花園城市。

穿梭在這些老舊眷村的巷弄與一條條自然形成的綠色隧道，是到中興最大的享受，讓人彷彿回到了過去繁華的眷村時代，歲月的痕跡灑落一地，但也日漸斑駁。現在居住在這裡的人已大為減少，大多只剩下退休的老公務員，很多屋子都已沒人居住，經常會經過一些空房子，雖然破舊卻同樣迷人，可惜這裡的房子似乎都屬於政府的，只能任其衰敗，政府甚至無知地打算讓高等科技園區進駐，這是否是這裡的騙局與大悲劇？但中興的房價卻已被炒得老高。

那種安詳寧靜、住家與自然環境和諧地融合在一起的樣子，無論是白天或黑

INFORMATION

交通　搭乘客運或自行開車到中興新村。

推薦　仿英國城鎮建造的中興新村，是我心中台灣最美的社區。過去曾是省政府所在地，留下大量的房舍與花園，在社區裡漫步是極致的享受。

夜，中興都像是隱匿著好多故事，這些故事有的已經隨風而去，有的還在凋零，有的在守護最後的家園；沒有走進這些角落，就不會發現中興真正的美。

中興主要分為光華、光榮、光明三大區塊，光明社區幾乎是我每次回中興新村一定會去散步或運動的地方，一方面離老婆家很近，一方面我覺得這個地區是中興新村中我覺得最美的一部分。我極喜愛這裡斑駁的紅磚牆，它是存在於各家各戶間的矮牆，剛剛好的高度與距離，可以看見居民彼此生活的依存。

看著這些紅矮牆，都能感受到時間走過的痕跡，而有著灌木叢的巷弄也令我著迷，它們總是被修剪得井然有序，有時我們會在這裡遇見一隻貓，或是不知從哪裡飛出來的鳥。

光明社區裡還有一個我極喜愛的公

中興新村最美的綠色隧道

1 環山路上的紅磚老屋　2 中興新村裡的單身宿舍

園——光明公園，早晨我常在這裡看著晨光甦醒的樣子。老婆說，小時候他們會到這裡來玩。光是一道旋轉門，就像是時間隧道的入口，還有一座有著三道溜滑梯的平台，上面寫著「光明公園」的字樣……看著這座極為復古的公園，公園裡的每個部分幾乎都已很難在其他地方看到，我甚至覺得應該將其列為文化財產，因為那是一個時代留下來的證據。

我陪洋在空無一人的公園裡，盪著有斑駁紅色鐵杆的鞦韆。洋問我，為什麼這個公園都沒有人，我說因為這裡已經沒有小朋友了，只剩下老爺爺老奶奶。

洋又問，為什麼這裡沒有小朋友？其實我回答不出來。

我看著天上的明月，剛好半圓；這裡的任何景物都令我著迷，但也覺得感慨與感傷，因為它不斷地在衰頹中，或許有一天，它終將成為時間的灰燼。

火紅的夕陽照在新的中台灣科技園區的建築上，在我心中，中興新村是美麗永恆的存在，是一個時代必須被完整保留下來的活體，是極為珍貴的國家文化資產，但在政府眼中，它除了殘破衰敗，還有什麼呢？

台南菁寮老街

生活老記憶

在颱風的追趕下，從嘉義往台南，想不到越往南天氣越好，颱風逼近的腳步似乎已看不到。這回來台南，我特別選了一般人不太會去的農村旅行和留宿，於是選了幾年前極為轟動的紀錄片《無米樂》的拍攝地——台南後壁菁寮村，對我來說，這是個仍相當陌生的農村。

坐火車到台南後壁站，再坐計程車到菁寮老街，然後一眼就被吸引住了。晚上住在一間百年三合院民宿——荷蘭井，是很復古懷舊的三合院，意外的是孩子也很喜歡。

菁寮老街是一條相當靜謐又質樸復古的老街，沒有一般商業老街的俗氣，只有最單純的農村庶民生活樣貌，老人們在百年老屋前聊天納涼，小朋友在一旁嬉戲玩樂，時間在空氣中蒸發著。這裡的老屋因為沒經過整理，而且都有人居住，反而呈現出真切的老街風貌。

在這裡看到了好幾間很美的老屋，像是極具古典美的金德興藥舖，有著清朝以降的建築形式，據說已有二百年歷史，歷經了六代，換了三個家族，雖然藥舖已經停止營業，但不論是考究的建築，或是內部的陳設，都像是時間凍結般，令人

INFORMATION

交通　搭乘火車到台南後壁站換計程車，或自行開車前往。

推薦　古樸的百年小鎮，是紀錄片《無米樂》的拍攝地點，恬靜宜人又處處充滿時光遺留下來的痕跡，隨處都讓人像是在呼吸時間的味道一般。

1 古典美麗的金德興藥舖　2 菁寮天主堂　3 菁寮黃家老屋

1

2

驚艷。

金德興藥舖旁有一處稱為「稻稻來」的空間，是社區招待遊客和舉辦導覽活動的地點，頗有味道，原本也是一間古厝。金德興藥舖對面是黃家街屋，一座四連棟的兩層樓木屋，傳統的閩式建築有著農村質樸的古老，幾個老人家在騎樓下聊天納涼，很有生活感。

在菁寮老街裡，還有好幾間一定要造訪的老店家，像是和興冰菓部，販售有古早味的香蕉冰，連裝盛的杯子和碗都頗具古味；還有古早的隆泰棉被店，以及有非常多寶物的瑞隆鐘錶店，店裡隨隨便便都是超過百年的鐘錶，其中有一個鐘還有將近三百年的歷史。

老冰果室對面就是大名鼎鼎的無米樂男主角崑濱伯的家，店裡還掛著全國總冠軍的牌子；大概是太多人來找過崑濱伯，所以他看到外來的人也一副自若的模樣。

墨林文物館裡展示著以前的老文物，外面看起來十足的客家味。我們邊走邊逛，一路走到菁寮國小，就在相當有特色的菁寮天主堂對面，這已是百年學校，無論是藍色木造的大禮堂或是學校裡的桃花心木小森林，都教人著迷。菁寮天主堂更是曾經得過普立茲克建築獎的德國建築師的作品。

百年前的菁寮，是往嘉義鹽水港的必經之地，繁榮帶來人口聚集；百年後，這裡成了恬靜宜人又處處充滿時光遺留的小鎮。在颱風撲台的前一晚，這裡顯得更加寂靜，讓我們簡直就像在呼吸著時間的味道。

1 菁寮國小的木造禮堂　2 菁寮國小裡的大象溜滑梯

台南神農街

獨特的百年之痕

一回獨自帶洋到南部旅行，因著研究所好友的陪伴，洋終於甘願不吵著坐車，和我們走上一段台南的老城與時光巷弄，吃上一些道地的老城滋味，尤其是終於走訪了一直想去的神農街。

「神農街」昔日被稱為北勢街，是台南市保存最完整的老街。清代時，台灣對外的主要門戶在台南的五條港，而神農街就正好位在港區中央，是當時最熱鬧的街道。

我們從海安路一拐進神農街，的確有著時間錯置的感覺，雖然別人都說神農街的夜晚更迷人，但我們白日來到，一進入巷弄，見到以前的石板路，以及一棟棟近百年的老屋，卻宛如進入了不同的時空。

神農街並不寬大，因為產權複雜、改建不易，兩旁的老屋都還保留著清代和日治時代的外觀結構，原本早已沒落，但隨著前幾年台南的老屋欣力以及對古都老街的重造，神農街也褪去了塵埃，再現風華；頹敗的老街，除了舊有的民宅之外，多了許多老屋改造的商號、藝文空間、咖啡館、酒吧。白天來時還有許多店沒開，

INFORMATION

交通　搭乘火車到台南火車站或自行開車前往。

推薦　神農街是旅行台南必去的老街，也是市區中保存最古老的街道之一，有人甚至說來這裡就像是去京都一般。

我想夜晚的燈光加上老屋風情，鐵定相當迷人。

有人說神農街有濃濃的京都氣味，但我並不這麼覺得，京都的老屋較有整體一致性，日式老屋的形式與結構也都完整講究，而神農街的老屋卻呈現出截然不同的風格，有著不同時代的建築形式，更顯出台灣與古都台南獨特的歲月感，是屬

歷經百年時光的神農街

於台灣獨一無二的老街。

神農街不長，我們在南台灣的大太陽底下，伴隨著孩子一路喊熱的叫喊聲，匆匆漫步而過，雖然有許多店家沒開，但終於能走過這聽聞已久的台南經典巷弄，對我來說，仍是十分開心的事。附近的風神廟，是一間結合現代燈光設計的古廟，據說夜晚時很美，是近來台南燈光美學的設計典範之一。

離開神農街後，因為已經飢腸轆轆，於是前往離神農街不遠的正興街覓食。正興街是台南目前最活躍的街頭，還發行了街道特刊《正興聞》，凝聚在地社區的力量。正興街與鄰近的國華街，是許多人到台南一定會去的地方，這裡的美食也不會令人失望，每次都覺得胃不夠放。正興街的蜷尾家霜淇淋、小滿食堂、阿婆魯麵，國華街上的小卷米粉，西市場裡的阿瑞意麵、鄭記魠魚羹、江水號冰品，雖然很多都得等待或大排長龍，但滋味絕對讓你覺得排隊也值得。

店家推薦

蜷尾家 台南市中西區正興街九十二號
小滿食堂 台南市中西區國華街三段四十七號後棟
阿婆魯麵 台南市中西區國華街三段五十一之二號
小卷米粉 台南市中西區國華街一段一百四十二號
阿瑞意麵 台南市中西區國華街三段十六巷二十五號
鄭記魠魚羹 台南市中西區國華街三段十六巷三號
江水號 台南市北區海安路二段五十五號

宜蘭利澤簡老街

靜謐的時間回音

如果當年陳定南擔任宜蘭縣長時，沒有力守宜蘭，讓王永慶順利把六輕帶到宜蘭，那現在的宜蘭會是什麼光景？我很難想像這件事的發生，光是把雲林的六輕畫面用 Photoshop 移到宜蘭的山水之間，就足以使人哭泣了。

而當時王永慶看中六輕設廠的地點，據說就是在利澤。利澤古稱「利澤簡」，「利澤簡」在噶瑪蘭語中是休息之地的意思。在一百多年前的清代，利澤簡因位處水運要道而成為商業繁榮之地，當時蘇澳還遠不及利澤簡有名，但也和許多因水而興衰的城市一樣，隨著河道的修改，以及鐵公路的興起，利澤簡的地位也跟著沒落了。

一抵達利澤老街，就會看到信仰中心「永安宮」。已經是縣定古蹟的永安宮，雖經多次修復，但仍可看見一些古老的痕跡，每年元宵節都會舉辦抬神轎競走的「走尪」比賽，是利澤簡整年最熱鬧也最重要的傳統宗教活動；此活動已被宜蘭縣政府登錄為縣定民俗活動。

利澤老街上最有名的要算是「利生醫院」，這棟曾經在偶像劇中出現的復古醫

INFORMATION

交通　自行開車前往。

推薦　利澤簡老街非常短，除了在歲月中流逝的建築之外，旅人鮮少，讓人可盡情地感受靜謐的時光故事。

1 老街裡的老戲院　2 老街裡最美的利生醫院

院，引來不少追星族探訪，也一直是老街中非常重要的建築地標。建造於大正時期一九二四年的利生醫院，建築完整而美麗，難以相信已經九十歲了。利生醫院位於轉角，除了有著現代主義的建築模樣，還多了一些流線的感覺，再加上土黃色的面磚，古典優雅，是一座極美的診所。

利生醫院對面是「利澤簡舊戲院」，有戲院就能了解過去有多繁榮，但現在也只剩下一個空殼，過往的喧囂以及放映機轉動的聲音，都消散在空蕩的戲院中。另外，我們也到了一間經過改造的古厝參觀，這裡是用來推廣利澤簡地方特色的文化單位，有長屋的結構，裡面都是古早懷舊的物品，第三進還設有一個小型圖書館，相當適合親子到訪。

利澤簡老街上還有長老教會教堂；馬偕曾到這裡傳教，當時深受漢人排斥，不過意志力堅強的他沒放棄在宜蘭傳教，最終仍使福音傳入蘭陽平原。另外「無獨有偶劇團」最近也租下了利澤簡穀倉，作為推廣戲劇的據點。

利澤簡老街非常短，除了靜謐的老街，以及在歲月中流逝的建築外，居民不多，旅人鮮少，街上店家也極少，連吃喝的場所都沒見到，沒有一般台灣老街上那些了無新意的店家和販賣商品，留在老街上的，真的就只有時光本身。

台灣許多老街早已崩毀，充斥著各種俗氣的商品與店家，老街本身的價值和意義早已消失。來到老街，不就是希望能藉由景物和氛圍再回到過去的歷史與故事中嗎？唯有如此，老街才真的能有感動人的力量。

台東關山老屋

最美的花東縱谷小鎮

在台東的許多小鎮或社區中，如果要選一個最有味道的小鎮，我的首選是關山小鎮，這個在日治時代就已經開發的小鎮，曾經是警備廳的所在地，也是仿日本街道設計的一座小鎮，道路整齊筆直，曾經非常繁華，人口眾多，儘管已沒落許多，人口外移，但留下來的許多建築或人家，會讓人有時光倒轉的感覺。

火車站旁的舊站長宿舍，創建於一九一九年，隸屬於台灣總督府鐵道部，全部為檜木建造，屋身以磚砌置高，為有近百年歷史的日式建築，裡面完整保留了原汁原味的日式房舍空間，看到入口處的拉門與墊腳石，就彷彿感覺到要走入一處日式人家中。現經營為民宿。

舊站長宿舍對面有一棵巨大的老茄苳樹，夏日坐在樹下非常涼爽。茄冬樹旁就是舊關山火車站，是花東鐵道沿線最有保存價值的車站，興建於日治時代，和洋混合的建築風，屋頂採用了歐洲的法式傾斜曼薩爾式設計，古典優雅，也是關山鎮重要的指標建築，所幸後來雖然建了關山新站，也沒因此拆了舊站。

舊關山火車站位在博愛路，前面就是中山路，附近有一個鐵皮屋，就是曾經因

INFORMATION

交通　搭乘火車到台東關山站。

推薦　花東縱谷最美的小鎮，沉靜的生活感與時間空間的遺味俯拾皆是，是最原汁原味的時光小鎮，讓人宛如走入時光記憶裡。

1 和洋混合風格的舊關山車站　2 從前的百貨行大華行　3 以五分珠出名的福生堂藥局　4 在關山晃蕩的親子

道路拓寬將被拆除而炒得沸沸揚揚的嘉賓旅社；雖然嘉賓旅社的外觀像個鐵皮屋，但其實已經八十歲了，過去是關山鎮最大也最有人氣的旅社，人潮絡繹不絕，聽說二樓全是檜木做的，內部也保留了旅社的格局。

中山路直行，轉角有間弧形的馬賽克式房屋，叫作大華行，曾經是關山鎮最大的百貨行，一九五〇年開始營業，二〇〇六年停業，據說經營者阿公還很健朗，如果有機會遇到他，他可是會滔滔不絕地訴說往事呢。附近還有已經停業，但曾經是縱谷最大的「關山中華大戲院」，似乎還在等待著重生。

大街上會看到兩間很復古的藥局，兩相對望，其中福生堂藥局可是大名鼎鼎的藥店，是過去一種叫作「五分珠」的藥品的發源地；這家開業近百年的藥局，曾經是關山鎮最重要的一個場所，如今也還營業著，老店舖的裡外，時間的斑痕隨處可見。關山鎮的藥局其實不少，每間看起來都很有味道；藥局那麼多，更可知從前的人口想必比現在多很多。在勝都小吃部旁邊，曾經有一間牆上有馬賽克牙齒圖樣的牙醫診所，非常有趣，後來被拆掉了。

在中正路上的舊官邸，是日治時代關山鎮長和秘書的官邸，後來變成了關山警察局史蹟文物館；官邸附近，也全是日式舊宿舍房子。

關山鎮是縱谷裡的一顆寶石，或許也因觀光腳步較慢，在這純樸的小鎮隨意晃蕩，沉靜的生活感與時空遺味俯拾皆是。我私心覺得，最原汁原味的時光遺留才是關山小鎮最大的資產。

親子繪本與書店漫步

BOOK STORE

信誼親子館
花栗鼠繪本專賣店
晴耕雨讀小書屋
Stay旅人書店
瓦當人文書屋
小間書菜
小大繪本館
時光二手書店
Alice Café
虎尾厝沙龍
洪雅書房
森林兒童圖書館
台東毛毛蟲基金會
賴馬繪本館
台東兒童故事館
小樹的家繪本咖啡館
小房子
台北市
基隆市
新北市
桃園市
新竹市
新竹縣
苗栗縣
宜蘭縣
台中市
彰化縣
南投縣
花蓮縣
雲林縣
嘉義市
嘉義縣
台南市
高雄市
台東縣
屏東縣

高雄小房子

司馬遼太郎紀念館版的繪本書屋

生活裡沒有書籍，就好像沒有陽光；智慧裡沒有書籍，就好像鳥兒沒有翅膀。

——莎士比亞

知道高雄小房子已經有一段時間，當初就是被一張店裡書牆的照片所震撼，宛如司馬遼太郎紀念館的繪本版，高及天花板的大書牆，全部都是繪本和兒童書籍。

位於苓雅區的小房子，也是高雄蒲公英閱讀推廣協會的據點，是一個閱讀的夢想者在四十歲時，為了在人生的新階段實踐自己的閱讀夢想而成立的。小房子位於住宅區，但要認出它並不困難，因為它看起來就有著繪本的童話感。

白色的外牆、綠色的植物，小房子簡單的字樣刻印在白色的屋子上，門口有一座木作的小房子模型；小房子外觀的氣質，讓人想起飛翔在天空的蒲公英。看小房子的命名，就知道主人對繪本的熱愛，維吉尼亞·李·巴頓的《小房子》，也是我很喜愛的繪本之一。

INFORMATION

交通　自行開車或搭乘高雄捷運。

★ 推薦　因為喜愛閱讀和繪本而成立的空間，巨大高聳的繪本書牆，讓人相當震撼，更能感受到閱讀的力量，可以好好地享受繪本時光。

1 巨大的書牆，最上層的書要怎麼拿？　2 唸書給孩子聽的親切阿姨

3 小房子的外觀清新可愛　4 位於小房子隔壁的展覽空間

小房子一樓的空間，是新書和一些商品的展示區，和一般書店一樣擺了一些外文繪本與雜誌。我們去的時候，只有我和洋洋，參觀完一樓就上了二樓，映入眼簾的就是那片巨大的繪本書牆，特別挑高的樑柱，書架連綿到整個天花板與牆面，光看就過癮。

我們開始拿書起來看，一連看了和講了好幾個故事；木頭的地板，讓人不論採用什麼姿勢都很舒服。再回到一樓時，有位阿姨問洋：「要不要我講故事給你聽呀？」洋很開心地答應；說故事的阿姨看來也是說故事高手，洋聽得很入迷。後來閒聊時，聊到洋是鐵道和電車迷，阿姨馬上把他們前陣子去日本九州旅行看到的火車拿出來給洋看；真是熱情，讓人更感受到這裡是個溫暖的地方，使我們在小房子裡有著很愉悅的記憶。小房子隔壁是一個專門用來展示繪本原畫的展覽空間。

離開了小房子，想起了那面書牆，也想起了我的書店夢。

小房子 高雄市苓雅區文橫二路一百一十五巷十五號

台東兒童故事館。毛毛蟲基金會

台東的兒童閱讀天地

台東市雖小，卻是個很適合孩子的地方，除了遼闊的天地之外，也有很多為孩子規劃的設施，光是台東市，就有好幾個和兒童閱讀與繪本有關的地方，真是幸福。

首先，一定得去的就是台東兒童故事館，在我心目中，那是一間天堂圖書館。兒童故事館從前是台東舊菸酒公賣局的閒置宿舍，是美麗的日式老屋，整個故事館範圍就是一座兒童樂園，巨大的樹爺爺、天空樹屋、大象溜滑梯，還有藏著數不盡的繪本與兒童圖書的故事館，就像是孩子的天堂。

帶孩子去兒童故事館，孩子在外面探索嬉戲，和樹爺爺打過招呼之後，就進入了有著魔法的日式故事空間中，講故事、看故事、聽故事的人，形成了一個個夢幻的畫面。

除了兒童故事館，還有一處台東大學兒童文學研究所的學生一定知道的地方，也是一個繪本滿屋的小空間——台東毛毛蟲基金會；這個由楊茂秀老師成立的基金會，以推廣兒童哲學為主要目的，從一九九〇年成立開始，就致力於兒童哲學

INFORMATION

交通　自行開車或是搭乘火車到台東市之後步行或騎車。

推薦　台東市雖小，卻有著台東兒童故事館和毛毛蟲基金會等適合親子一起前往閱讀的美好空間，真是令人羨慕。

1 老樹與兒童故事館　2 兒童故事館裡的閱讀空間

3 毛毛蟲基金會裡舒服的榻榻米空間　4 毛毛蟲基金會的姊姊唸故事給孩子聽

與各種故事力量的推廣，在鮮少重視兒童思想與權利的台灣，是很重要的兒童基金會。

毛毛蟲基金會在台灣有兩個空間，一個在台北，一個在台東。台東毛毛蟲的位置在新社三街，在恬靜的馬蘭社區裡，附近還有楊傳廣故居。我一直對毛毛蟲基金會的楊楊米空間印象深刻，裡面有一整面大書牆，滿滿的童書與繪本，楊茂秀老師以前也會在這裡想事情、寫東西。

那次帶孩子前往時，外面正下著大雨，我們坐在毛毛蟲的楊楊米空間中，開始拿起一本本書閱讀，講故事，看故事，聽故事，基金會裡的女孩還講故事給洋聽。我們被雨困住的一個小小午後，在台東毛毛蟲的閱讀空間裡，享受了屬於我們父子倆的閱讀時光，讓這裡的空間成了我記憶膠囊裡的一部分，也更多了一分喜愛。

書店

兒童故事館　台東縣台東市大同路一百零三號

毛毛蟲基金會　台東縣台東市新社三街三十三號

花蓮 Alice Café

老屋與繪本的邂逅

偶然的機會下，在網路上看到繪本作家陶樂蒂老師分享她和黃郁欽老師在花蓮一間咖啡館的作品展，才第一次得知這間 Alice Café，更發現這是一間老屋改造的親子繪本咖啡館。那麼多關鍵字，又是親子，又是繪本，又是咖啡館，怎麼能不去？

後來才知道 Alice Café 的歷史。一九五〇年代，這裡是兩位老醫師懸壺濟世的小診所，九〇年代易主，被打造成有藝術、有美食的空間，現在的主人李醫師就是那時的常客。二〇〇九年金融海嘯後，這間店的主人被迫關店，李醫生不忍這裡化為烏有，於是舉債將它頂下，打造成現在的 Alice Café。

走入 Alice Café，映入眼簾的就是書；店裡分成好幾個區塊，但到處都可以看到書，特別是繪本。一走入主空間，就看到一個明亮可愛的展示區，展示著陶樂蒂與黃郁欽的圖畫，很有熟悉感。展示區也是個閱讀區，有好多繪本，洋看到後非常開心，隨手就拿起一本要我們講給他聽。

用餐區屬日式挑高空間，明亮舒服，木質的地板、寬敞的空間，非常適合親子

INFORMATION

交通　自行開車或搭乘火車到花蓮站。

★ 推薦　一間老屋改造的咖啡館與繪本空間，不論是享用餐點或是閱讀繪本，都很享受。

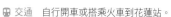

1

3

2

1 店裡結合繪本與展覽的空間　2 講故事給孩子聽　3 別致的咖啡店門口

一起閱讀或用餐。我們點了兩份套餐，洋很開心，一邊等著餐點上桌，一邊看著自己拿的繪本。這裡的餐點算實在，但空間的舒適感還是最吸引人。

Alice Café 真的是一個很棒的地方，雖然是第一次來，但覺得下次再帶孩子來花蓮時，這裡仍然會是首選，不論是來閱讀繪本，或是吃喝個東西，消磨上一個下午，都很適合。主人把店名取作 Alice，也可以看出他希望來到這裡的每個孩子，都有愛麗絲夢遊仙境一般的感受。

書店

Alice Café　花蓮縣花蓮市大同街八十七號

宜蘭 Stay 旅人書店

老屋的書店風景

如果可以，每到一個縣市，我都會把探訪當地的書店當作旅行的一部分。這幾年，台灣各地的獨立書店遍地開花，每家書店都呈現著不一樣的個性與風景，各自在每個地方演奏著奏鳴曲。

宜蘭碧霞街是我頗愛的一條街道，而在這靜巷裡也隱藏著一間輕盈的書店，叫作Stay旅人書店。旅人書店所在的空間，是已經有六、七十年的老屋，主人是返鄉的宜蘭年輕人，結婚後為了孩子也為了自己的人生，回到老街開起了書店。在這裡開書店，一開始對當地人來說，真的算是異數。

在店裡，看到一位大叔拿了兩盆盆栽給男主人，說要送他擺店裡給大家欣賞，人情味十足。主人說這間屋子原來相當殘破，但看到現在的模樣，不禁讓我覺得屋子遇見了伯樂；主人將屋子的靈魂留下，並且將書店的氣味帶入，是個會使人流連忘返的空間。

旅人書店當然大部分擺的都是跟旅行有關的書，但都經過精挑細選，一般的速食旅行書在這裡是看不到的，而且還多了許多與人文、生活、土地等相關的選書，

INFORMATION

交通　搭乘火車或客運到宜蘭市。

★ 推薦　這是一間隱藏在宜蘭舊城區的老屋書店，以旅行為主題，承載著老時光，以及主人對家鄉的珍惜與想法。

由老屋改造的 Stay 旅人書店

還有一些宜蘭很在地的古地圖或人文資訊。在這裡，可以感受到主人對書的品味，也可以感受到他對宜蘭市這座老城的喜愛，更可以因為他的推薦買到好書。

書店裡播放著我們喜愛的歐洲電子樂，氣氛非常好，離開時，買了書和他們自製的宜蘭老城地圖。我喜歡這間店的感覺，總覺得在快被商業淹沒的宜蘭市中有了這樣的店，宜蘭的舊時光和老城記憶似乎又多了一些曙光；希望旅人書店的微光，可以承載著老時光與主人對家鄉的珍惜與想法，讓更多人停駐，發現宜蘭老城的靈魂。

書店

Stay 旅人書店　宜蘭縣宜蘭市碧霞街十四號

Stay 旅人書店的雅致書店外觀

宜蘭小間書菜

心靈店舖

到宜蘭多次之後，才終於真的踏進了這間已經放在心中很久的鄉間書店。這間由六〇年代碾米廠改建的書店，嚴格來說，並不算真正的書店，因為還販賣著各種蔬菜水果，書不是唯一的主角。

幾年前，一位台大博士與友人因緣際會地進駐員山鄉深溝村，協助需要的農夫，但卻發現這裡要找書店非常不便，於是有了打造書店的想法。「小間書菜」的執行長彭顯惠在成長過程中對書有難以割捨的感情，即使現在從事農務，也沒忘記這樣的情感，慢慢實踐著自己對書店的想像。

「小間書菜」的空間原本是間老舊的碾米廠，一座矮小的木造平房，整建的地方有很多都是用木工DIY完成，中間擺了一張我最愛的大木桌。一走進書店，放在店門口的幾乎都是小農蔬菜，種類非常多。蔬菜放在書店裡的感覺特別好，擺放菜與米的地方正是老抽屜架組成的，每樣都讓人想帶回家。再來才是書的空間，書架上的書，有不少是別人捐贈或是以蔬菜交換來的二手書；這裡可以用二手書換菜，一個是心靈的糧食，一個是身體的糧食，兩者交換再合理不過，而且

INFORMATION

交通　自行開車前往。

★ 推薦　是蔬果店也是書店，是一個對當地人來說重要的心靈空間。

由舊碾米場改造的小間書菜

關於環境、環保、農業議題的書特別多。

在「小間書菜」裡，還可以看到不少老的寶物，一些老式農具或是生活日常用品，讓這間書店的空間與感覺獨一無二。我想，在深溝這個地方，小間書菜具備的功能應該早就超過一間書店，它不但是書店，是小農產品販賣所，也是許多小農和居民的交流所，一旁好像還有農民食堂與兒童圖書館和活動空間，提供孩子們一個於放學後可以安心造訪的地方。我想對社區來說，這裡已經是一個很重要的心靈空間了。

看到「小間書菜」，讓我想起了《書店不死》書中介紹的一間在和歌山偏遠村落裡的書店——井原心靈小舖，店主井原萬見子以不可思議的力量與堅持，在這個只有百人的村落裡經營書店，讓這間書店不只是書店，更是一間當地居民的心靈店舖，傳遞的不只是書的內容，更是人與人之間、人與書之間的心靈交流。

小間書菜　宜蘭縣員山鄉尚深路一百二十四號

桃園「晴耕雨讀」小書房

書店微光

這兩年來，發現台灣的獨立書店越來越多，但明明買書的人就越來越少，為何有那麼多人願意投入這個行業，原因當然很多，不一一探討，但可以知道的是，這對愛書人來說真是件好事，如果一個行業只剩下大型連鎖店，沒有任何個體或個性化的小店存在，那真是太悽慘了。

「晴耕雨讀」是一間位於桃園平鎮的獨立書店，一開始有點難以想像，這麼偏僻的書店真的有人會來嗎？書店是一排迴廊型的小木屋，一開始我還疑惑這是由什麼空間改造的，像是簡易架設的木屋，問了裡面的店員，才知道這裡原來是卡拉ＯＫ店。卡拉ＯＫ店變成小書店，看起來有氣質許多，主人用了一些巧思，

INFORMATION

交通　自行開車前往。

推薦　裡外都相當舒服，很適合親子造訪，也辦理很多講座與活動。

書房內舒服迷人的空間

就把整個門面與書店門口佈置得簡樸迷人，帶點農家文青氣息，裡面的空間也是，是個光視覺就使人舒服自在的地方。

走進書區，書並不算少，而且選的書都不錯，主人會用一些特別的方式幫書籍分類，還蠻有個性的。逛著逛著，我選了幾本書準備帶走，洋洋也找到了一本喜歡的書，由媽媽坐在地板上唸給洋聽。

這裡也可以舉辦一些小型展覽，座位區都用小學的課桌椅，到訪時雖然是平日，還是有一兩組客人在喝東西聊天。聽說這裡的主人是一對喜愛書的年輕夫妻，當天沒機會遇見，但我佩服他們的勇氣，即使知道經營辛苦，還是義無反顧地因為對書的熱愛，開了這樣的小書店，把這裡打造成很有情調的小書房。

離開前買了幾本小說，走出小書店時，戶外的風吹了過來，帶著剛割草之後的清新氣息。原本是卡拉OK的小木屋，卻因為不同主人的品味與興趣，改造成了完全不同的空間，好像整個靈魂都換過了一樣。

晴耕雨讀　桃園縣平鎮市福龍路一段五百六十巷十二號

竹東瓦當人文書屋

小鎮的瓦當

竹東算是新竹比較偏僻的地方，當時知道竹東有間獨立書店時，心中其實有點疑惑，這樣的書店有辦法生存嗎？

開書店的晏華和她的先生，都是很喜歡書和書店的人，在還沒開書店之前，就喜歡四處逛書店，一直也把開書店當作人生的選項之一。去年，她終於圓了夢，在另一半從小長大的竹東小鎮開書店。開店時，親友們都不敢相信竟有人要在這人口不多的純樸小鎮開書店。

我覺得這間書店的名字頗為有趣，因為瓦當是日本傳統建築中一個很重要的元素，是屋瓦前面的圓形瓦，主要是用來保護、排水和美觀，後來查了一下，發現主人正是去日本京都看到瓦當之後的靈感，希望自己開的書店也可以跟瓦當一樣，成為居民不可或缺的元件。

瓦當人文書屋並不像很多獨立書店以老屋作為建築空間，只是一般的一樓店面，外觀算是簡單樸素，藍色的古典大門倒是很醒目，外面放了一個大看板。走進書店，空間不算大，一進去就一目了然，特別的是可以看到一些老家具或櫃子，

INFORMATION

交通　自行開車或搭乘客運前往。

推薦　在竹東這樣的小鎮開的書店微光，主人希望有一天書店也能成為居民不可或缺的瓦當。

1

本
台灣
独立系書店マップ
THIS IS YOUR
LIFE IS SIMPLE.
TRAVEL OFTEN;
LIFE IS
SHORT.
上班與旅行

2

很顯眼也很有份量，裡面擺滿了許多文學書籍，由此也能知道主人選書的品味。

在大木桌上擺的是新書和最新的雜誌，獨立刊物很齊全，我買了幾本雜誌，包括新竹的獨立刊物《貢丸湯》。店裡的書籍，以文學和人文居多，因為沒辦法擺很多書，所以都是主人嚴選的。

由於瓦當沒有太多適合小朋友看的書，洋進來後就顯得有些無聊，而女主人則含蓄地跟我說抱歉。裡面的空間和書籍的感覺，雖然不像一些老屋改造的獨立書店那麼有味道，但簡單明亮，很有家庭式小書店的氣味。

因為帶孩子，我們沒待太久，買了幾本雜誌之後，就離開前往下個目的地。回想起來，如果在每一個小鎮，都能有一間像瓦當這樣的微光書店，那麼這份對書的喜愛與執著，將會影響到更多身邊的人，讓小鎮跟著改變。開書店以書店維生的人需要很多勇氣，而去每一間書店看書買書的人，更是勇氣的潤滑劑。

瓦當人文書屋　新竹縣竹東鎮大林路一百零四號

1 瓦當人文書屋的內部像是個家庭書房　2 瓦當人文書屋的藍色木門

嘉義洪雅書房

濁水溪以南最活躍的書店

第一次和國信見面，是在台東的友人家，當時自己剛出版了有關台東的書籍——《緩慢。台東。旅》；國信兄操著流利的台語，非常風趣，而我也第一次聽到洪雅書房。

後來，常常聽到或看到余國信在社運上的消息，還有洪雅書房常常舉辦的活動，才知道洪雅書房和余國信是如此活躍。洪雅書房號稱是濁水溪以南最活躍的社運書店，和余國信初識後過了許多年，我才終於帶著孩子走進了洪雅書房。

記得那是颱風要來的前一天，我們抵達洪雅書房時還未中午，一到門口才發現店沒開，正掃興地想離去，余國信突然把門打開，告訴我們，雖然還沒營業，但歡迎我們進去看看。當然，國信兄早就忘記我了。第一次走進洪雅書房，發現與我想像中的社運書店不一樣，空間的運用和擺設很活潑和巧妙，是間看起來使人感到安心的書店，書的種類除了與社運和環境相關的書之外，還有很多其他書籍，也有適合小孩閱讀的書，洋馬上就找到自己想看的書，坐下來看。

余國信在工專畢業後，二十出頭就為了理想成立了洪雅書房，一開始很多人都

INFORMATION

交通　自行開車或搭乘火車到嘉義火車站。

★ 推薦　南台灣最活躍的獨立書店，主人相當親切風趣，店裡也舉辦很多活動。

1 貼心舒服的書店空間　2 南台灣最活躍的社運書店　3 洪雅書房外一隅　4 書房的天花板

不看好，但他就這樣撐過了十年，站在最前線，投入了許多搶救文史、環境等的運動，書店的知名度與經營也日漸改善。

余國信講話有一種特有的風趣，似乎也蠻喜歡小孩的，不斷地拿出東西給洋把玩，讓他戴上火車列車長的帽子，讓喜愛火車的洋超開心的。北門站前的玉山旅社，目前也是由余國信經營。除了書店，余國信也是一位使用秀明自然農法的農夫，不在書店時，常常都在田裡。

當時，在書店地下室有一個手繪獨立書店的小展覽，我們很幸運地去參觀了一下；適逢中午，國信還貼心地介紹了一間他覺得很不錯的健康蔬食餐廳「鼠麴草」給我們，我們後來也真的去吃了。

離開前，我帶了幾本書，包括才剛出版不久的吳明益的《單車失竊記》。對我來說，洪雅書房雖然被稱為南台灣最活躍的社運書店，但我感受到的卻是一種人情的溫暖和親切，是一間十足的人情書店。

書店

洪雅書房 嘉義市長榮街一百一十六號（近忠孝路）

Cycling around Taiwan

孩子
一起去環島吧

Island

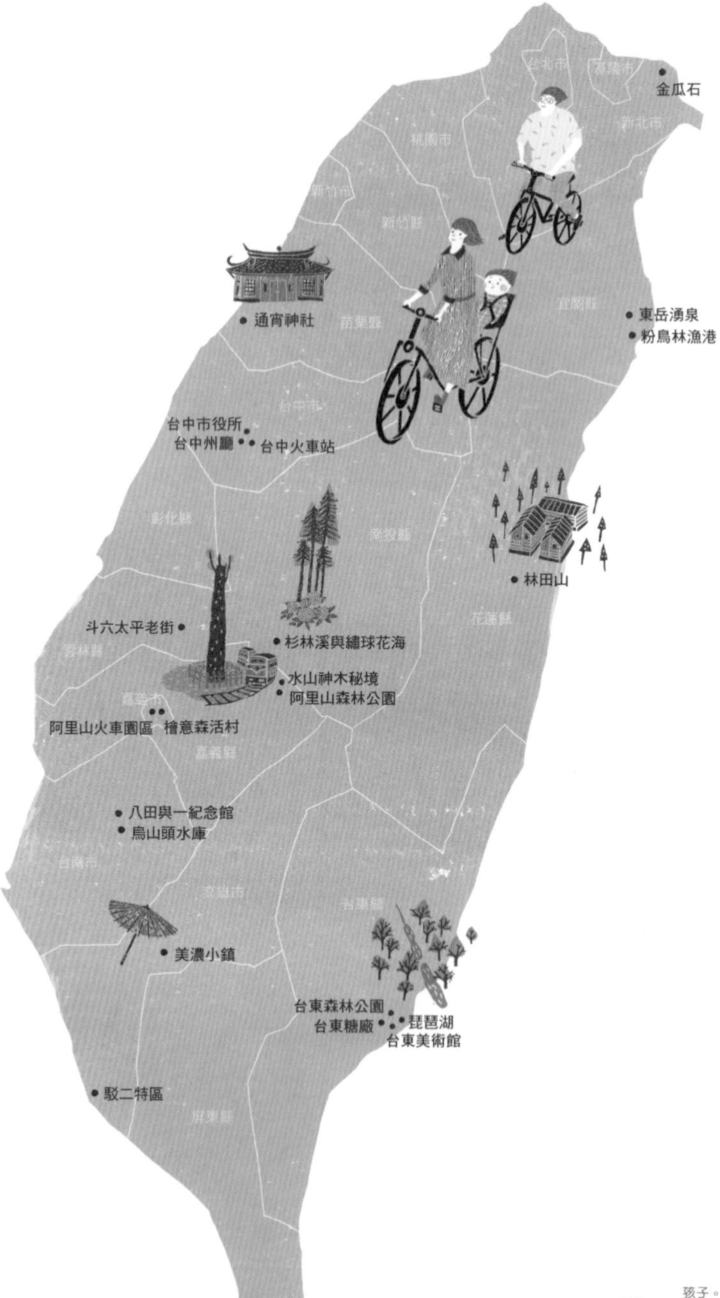
台北市
基隆市
金瓜石
新北市
桃園市
新竹市
新竹縣
通宵神社
苗栗縣
宜蘭縣
東岳湧泉
粉鳥林漁港
台中市
台中市役所
台中州廳
台中火車站
彰化縣
南投縣
林田山
花蓮縣
斗六太平老街
雲林縣
杉林溪與繡球花海
水山神木秘境
阿里山森林公園
嘉義市
阿里山火車園區
檜意森活村
嘉義縣
八田與一紀念館
烏山頭水庫
台南市
高雄市
台東縣
美濃小鎮
台東森林公園
台東糖廠
琵琶湖
台東美術館
駁二特區
屏東縣

夏日環島流浪

每一段旅程都是成長的開始

說真的，都已經快四十歲，還有了自己的家庭，如果大學畢業旅行不算，以前只是開車繞過台灣不算，我沒有真正地環島過。所謂的環島，定義是什麼呢？如果只是用交通工具繞完一圈，應該不算環島吧。

我以為不論用何種方式環島，步行、單車、機車、火車、汽車等，都還是必須有自己的觀點，而不是就這樣匆匆走過一圈。

什麼是自己的觀點呢？我想不一定要每個縣市都停留，有的可能只是經過，但每個人想停留的地方一定不同，而這些停留的地方一定有些意義或是目的，絕不是看到別人推薦就盲目地跟隨。我舉個例子，兒子很喜歡火車或是車站，我喜歡去一些有老時光感的地方，我們以此安排環島要停留的據點，就是屬於我們自己的環島觀點。

有了孩子之後，我已經帶孩子環島了兩三次，每次去的地方都不同，但因為是環島，與單純只去一個地方玩的感覺並不同，因為結束一個地方之後，都還有下一個目標要前往，即使是已經去過的地方再去，也因為有著環島的觀點在裡面，

好像意義也變得不同了。

有一次，甚至是我自己帶孩子獨自環島旅行，那一個星期的父子夏日流浪，雖然中途也經過許多拉扯，但是父子之間卻也因此多了些什麼，那個「什麼」很細微，不言可喻。記得在書寫《追尋電車男孩的光》一書時，不斷地回憶與記錄著自己和對大眾交通工具有強烈執著的孩子間的各種拉扯與成長，從不了解，到反省接受、包容與改變，最後磨合出最佳平衡與節奏，後來也常因為孩子對交通工具的執著，反而得到了從未享受過的樂趣，而環島，那份親子關係與記憶的加乘，更難以形容。

環島日記（苗栗篇）

通霄神社。砲台的絕美眺望

這次帶孩子到通霄，算是我與通霄的久別重逢，幾年前，自己拍了一部跟記憶有關的紀錄片，裡面一個主角的記憶片段正是在這裡，也因此到了通霄的海邊以及山上的通霄神社；時隔多年，記憶已經相當模糊。

當時到訪時，對於歷史建物與古蹟不若現在興趣濃厚，如今再訪，自己早已有所不同。通霄神社的前身，是日治時代初期因北白川宮能久親王造訪而有的「通霄御遺跡地紀念碑」，後才有通霄神社的建立，建立於一九三七年。台灣在日治時代的神社大多已被破壞殆盡，通霄神社可說是所有現存的台灣神社中，保存最完整的其中之一。

目前的通霄神社，是九二一地震後整建的，但可惜的是只整建了神社的本殿，其他歷史也相當悠久的神社社務所和休憩所並未修復，任其衰頹。通霄神社社域由神官宿舍、社務所、鳥居、參道、石燈籠、拜殿、幣殿、本殿等組成。拜殿有著閩式和日式建築結合的感覺，石燈籠則有新有舊，不過其所營造的參拜道模樣和氣勢仍然存在；整體而言，神社的氛圍仍相當濃厚。

1 從虎頭山眺望台灣沿海風景　2 通霄神社的鳥居　3 由閩式和日式建築結合的拜殿

離開通霄神社後，有一位當地的婦人，告訴我們一定要上虎頭山看看，那裡有絕景。我們不疑有他，就繼續往上，剛到虎頭山頂，就看見有人站在一旁的觀景台上眺望台灣海峽，視野甚是寬闊舒暢，通霄外海的波瀾一覽無遺，以前有「虎嶼觀潮」的美稱。

一旁還有一座階梯，因婦人說有絕景，所以我們拾級而上，包括已經懷孕九個月的老婆。一到山頂，才發現眼前才是真正的絕景，這視野在台灣西部應該再無山頭可與之匹敵，三百六十度的環繞視野，台灣海峽和台灣山景盡收眼底，而這裡也正好是西部海線與山線的交界。

如此看著台灣的景致，有種見證台灣各種發展的感覺，沿海滿是開發過度的城市、工廠和建物，自然的景觀已不多見。在此登高遠眺，儘管天色灰濛，視野仍無比開闊，讓我想起了台東的四格山，同樣可以三百六十度觀看台東山海的視野，對比東部的自然美景，這裡的登高望遠讓人有些悲傷。虎頭山因為地理位置獨特，在日治時代就是相當重要的軍事據點，此處還有一個「台灣光復紀念碑」，前身是「日俄戰爭紀念碑」。

虎頭山現在已不像過去那樣有重要地位，但因其地理位置所衍生的歷史與故事，並不會消失，只是隨著歲月不斷地改變，在此觀看的人的不同，心態不同，景色所代表的意義也都截然不同。

環島日記（台中篇）

發現老台中經典建築

日治時期，在台灣建立了幾個重要的州廳建築，其中又以台北、台中、台南的州廳最為經典美麗。這幾個州廳建築中，我個人最喜愛的是台中州廳。

台中州廳建於大正時期剛開始的一九一三年，後來經過多次擴建，一九三四年完成現在的規模，與台北州廳（今監察院）及台南州廳（今台灣文學館）為同時設計建造的姊妹作品，是當時官方建築中最頂尖的作品，由森山松之助設計。台中州廳管轄台中縣市、彰化縣及南投縣等地，台中市役所才是當時的台中市政府。

台中州廳的外觀有古典與巴洛克時期的風格，正立面有明顯的法國馬薩式屋頂，建築主體為L型平面兩層樓建築，中央有塔式突出建築，左右以角樓連接兩翼建築物。

原本只看外觀就讓人回味無窮，想不到竟然可以進去參觀。一走進去，便看見保留完整的紅磚、拱柱、古典窗戶等式樣的建築物包圍在庭院四周；看到如此完整的格局和建築物，還有中間綠到發亮的草皮，我可以想像台中州長就站在二樓

1 宛如城堡般的台中州廳　2 州廳內美麗的草坪

跟我揮手的模樣。

這裡現在是台中市政府都發局的辦公室，因此可以看到寫著各種辦公室的字樣，老舊的大木窗，使人無法不喜愛。紅磚瓦，白色拱門，挑高窗戶，柱上裝飾等古典的結構與建築形式，顯現出台中州廳的不凡氣勢。當我站在這建築迴廊前，仍不免讚嘆起來，慶幸這些建築與空間能完整保留至今。在州廳對面是歷史更久的市役所，不過看起來規模小很多，而且整修得似乎有點太新了。

在州廳和市役所附近的古蹟，還有原台中州圖書館，目前是合作金庫，房子保存得頗為完整；一九七二年就開始被合作金庫使用至今，二〇〇五年登錄為台中

1 彰化銀行是第一間由台灣人自行籌建的銀行
2 原台中州圖書館建築
3 台灣大道上的古老建築

市古蹟。

前往台中旅行的那段期間，身體不太舒服，常常口乾舌燥、舌頭僵硬、胃口不佳，明明知道肚子餓了，卻也不想吃東西，直到看見位於合作金庫對面的那間燒臘店。這間中午十一點就開始有排隊人潮的燒臘店，讓喜愛燒臘的我們，光看到店前掛的那些燒鴨叉燒的油亮色彩，就覺得餓昏了，更沒想到吃過後，這頓燒臘飯的美味竟也打敗了我們心目中最喜愛的台北公館的百合燒臘。從頭到尾，我都看到店裡的人潮絡繹不絕，讓意外走入的我們覺得好幸運。

祭完了五臟廟，前往自由路上另一處很有看頭的古蹟，那就是「株式會社彰化銀行」本行，彰化銀行是台灣人最早自行籌資成立的銀行。剛看到這座建造於一九三八年的建築物時，會以為是台北總統府旁的台灣銀行本行，一樣有巨大的混凝土圓柱、石材建築與古典沉穩又具匠心的設計，光站在大門口，就可以感受到一股威嚴，即使與日治時代的日資銀行建築相比，也毫不遜色。

彰化銀行位於自由路和台灣大道的交叉口，而鄰近火車站的台灣大道上，還有不少老洋樓和老屋，也很適合慢慢晃蕩欣賞。老台中曾經被比喻為台灣的京都，不論是溪流或街道，都會使人想起京都，儘管現在看來已經沒有那樣的氣息，但或許有一天可以慢慢找回。

環島日記（南投篇）

盛夏的22度C。杉林溪與繡球花的十萬夢幻花海。

36度C的盛夏，我們決定離開已經快把人烤焦的南投平地，往山上尋求一點希望，而且捨棄去了許多次的溪頭，改往許久未去的杉林溪。往杉林溪的十二生肖彎道上，車窗全開，彷彿天然冷氣般的涼風吹入，連孩子都說涼到不行。

一到杉林溪門口，票口外的幾叢繡球花告訴我們，我們不經意地遇到了這片夏日南投最美的花海。繡球花，恕我孤陋寡聞，我是第一次知道杉林溪有種植這種在像日本這樣比較冷的地方才有生長的花，在日本稱為紫陽花；而花的數量之多與盛況，也超乎我的想像。我一直無緣去我最愛的京都三千院欣賞初夏紫陽花季，想不到在酷熱的台灣，竟然可以躬逢其盛，見到眼前如夢似幻的饗宴。

杉林溪中午的氣溫才22度，山下至少有35度吧，實在是舒爽又舒心。第一次見到如此的繡球花海，沿著杉林溪的溪邊繽紛連綿，真有種作夢的感覺。

杉林溪到底有多少繡球花，以眼前的景象來看，實在難以估計，我們只是走了一小段，就有數不盡的花海，它們怡然自得地在這涼爽的氣溫中飄浮著。沿著繡球花步道，可以順勢前往好幾個杉林溪步道。杉林溪總共規劃有十條森林步道，

杉林溪有許多舒服的森林步道

夏日來這裡，什麼都不做，只是盡情地享受舒適的氣溫也不錯，但是如果願意選擇幾條步道，漫步山林，我想更是讓身心飽滿的方法。

然而，當時帶著孕婦與小孩的我，只能看看繡球花，走走穿林步道，很多地方都無法造訪，像是杉林溪極為有名的松瀧岩瀑布和藥花園等。

要離開夢幻的繡球花海、寬闊的山林以及如此適宜的氣溫，真是有點捨不得，下次夏日來訪，希望有機會住在這裡，好好地讓山林洗滌我們，以十萬夢幻花海填滿自己的心靈。

杉林溪的十萬繡球花海

環島日記（雲林篇）

斗六小鎮。穿過時光的太平老街

以前，雲林對我來說，一直算是很陌生的縣市，這次環島，終於安排了一些時間造訪這個被台塑污染嚴重的陌生縣市，才知道這裡其實有很多很美的地方和歷史文化。

我們選擇來到斗六，這個雲林最大、人口最多的鄉鎮。記得有一次去彰化田中，曾經因為田中老街那些保留完整的老屋而感到喜悅，因為在台灣，這樣充滿生活感的老屋街道已經越來越少。

這次到斗六，同事帶我們前往太平老街，也令我驚艷，不論是房屋的格局、式樣或歷史，都讓人慶幸這條老街還保留著，而且都還繼續在使用，開著各種商店，這種老街的生活感是最令人喜愛的。

太平老街的樓房大多以巴洛克式風格為主，分別建造於明治、大正、昭和時期，有的房子已經超過九十年；樓房都是兩層樓，上面的雕飾都精雕細琢，相當美麗。太平老街現在的模樣是經縣政府重新整頓過的，而且我也在火車站拿到了相當精美的太平老街地圖，讓人可以細數這些老街建築的故事；這是很棒的規劃，也讓我們不會只是走馬看花。

1 老樹與老屋　2 日治時代的賣捌所（賣菸酒的場所）　3 老街的三角窗建築

太平老街保存良好的「官煙賣捌所」，是以前賣菸酒的場所，匾額依舊保持日治時代菸酒販賣所的「官煙所」店匾，日治時代的式樣仍完整地保留在建築中。這裡的建築，大多是以清水磚造，加上洗石子立面和古典雕塑，整體的房屋立面，典雅迷人。

另外，縣政府為了讓老街完整保留，也以不改變現有建築外觀為原則，店家不得任意將自己的房屋拆毀建成現代建築，只能針對內部做整修，這對老街的維護很重要。走過太平老街，可以深刻地感受到雲林曾經的繁華，我以前對雲林的刻板印象就是農業縣，不會想到跟文化有關的，但是先前去過虎尾鎮之後，那裡的歷史文化就已讓我感到自身淺薄，來到斗六，看到太平老街這麼美的老街，就更覺得我們對台灣各地的了解實在是太少了。

除了走訪老街，斗六的眾多小吃也值得品嚐。熱鬧的市場裡，炊仔飯是斗六的特色小吃，是很像米糕的古早味，一定要試試，其中以正斗六炊飯和蕃薯仔炊飯最為有名。另外，喜愛肉圓的人，吳記肉圓或鄧記肉圓都各有擁護者，可以好好地比較一下。

店家推薦

正斗六炊飯　雲林縣斗六市中山路三百七十九號
蕃薯仔炊飯　雲林縣斗六市中正路八十九號
吳家肉圓　雲林縣斗六市愛國街二十一巷十號
鄧記肉圓　雲林縣斗六市興北街八十八號

環島日記（嘉義篇）

阿里山。水山神木。水山線秘境步道

夏日環島，一定要安排的其中一個避暑勝地，就是阿里山。這次前往阿里山，住在民宿「十方意境」，專業的民宿主人葉大哥，帶我們去了好多以前沒去過的地方，認識之前不知道的阿里山，實在是始料未及，覺得很幸運。

夏日像是烤箱一樣的平地，一路往阿里山上走，氣溫也隨之涼爽，身體整個都愉悅起來。隔天為了看日出，早上三、四點就起床，葉大哥帶我們到他的私房景點看日出，不需要上祝山和大家人擠人，可惜當天雲霧繚繞，什麼都看不到，所幸後來天氣越來越好。我們隨著葉大哥進入阿里山國家公園裡，一路伴隨著宜人的氣溫、陽光、風、森林、雲瀑，途中還遇到了一隻在馬路旁的藍腹鷴，牠眼睛大大地望著我，然後往我們所不知道的神木巨靈漫步而去。

早上七點，阿里山森林公園，氣溫１８度，身體舒爽得不得了，甚至以為自己身處北海道。到了沼平車站，葉大哥說要帶我們去一般人不會去的地方，果然，看到大部分的人都往地圖上的姊妹潭而去，只有我們往不同的方向漫步，那是一條舊阿里山鐵道支線，一條往阿里山上現存最老神木的林道，神木已有二千七百

穿透林木的晨間聖光

1 舊水山線秘境步道　2 親子散步在迷人的森林軌道上　3 已將近三千歲的巨大紅檜神木

多歲，讓我們相當期待。

這個神木爺爺叫作水山神木，好好聽的名字，而它隱藏的地方也剛剛好。我們從沼平車站出發，必須走上一段已經荒廢的阿里山鐵道支線——水山線，這是一條鮮少人知道的私房步道，沒有旅人，只有我們沉浸在光影的山林裡。

洋洋一路高興地順著軌道，幻想自己是小火車，「期恰—期恰—」地前進著。沿著鐵軌漫步山水線，兩旁都是蓊鬱的高山森林，雖然山水線已經停駛，但我們就像是在召喚著那些過往的鐵道記憶般；這森林裡的鐵道，令人孕生出無數的時空想像，雲霧與陽光在森林裡追逐著。

到神木前有一個看起來才整建好不久的小月台，很可愛，接著還有一個木桁架仿古鐵路橋，接著就可以看到往水山神木的階梯，沿著階梯走，就會遇到巨大無比的水山神木爺爺，它是紅檜神木，因為真的好大，洋看到它就說它是龍貓住的地方，裡面住著龍貓呢。

看完了巨大的神靈巨木之後，回程時，陽光已經漸漸透過整個森林的隙縫，灑在林道與軌道上，洋洋仍愉悅地當著小火車，彷彿他知道這裡曾經有迷人的火車在行駛著。這段早晨的森林鐵道漫步與龍貓神木的相遇，也成為我們在夏日裡埋藏在阿里山的夢。

環島日記（嘉義篇）

阿里山火車園區。檜意森活村。KANO

颱風前夕，在環島前往台南之前，我們特地再到嘉義停留，來到嘉義市。對熱愛火車的洋來說，阿里山火車創意園區就可以大大滿足他的需求。偌大的園區裡，有各式各樣的阿里山火車，可以近距離觀看和接觸各種已經退役或是還在試運行的小火車。這裡還有像是小扇形車庫的圓形轉車台，孩子玩得十分開心，根本不想走。目前阿里山火車的廠房和維修點都仍在這個園區內，園區裡到處都是小火車和大樹，火車迷不可能不愛。

沿著園區軌道往前走，就可以走到阿里山森林鐵路的起點——北門驛，也是過去阿里山鐵道最重要的門戶，森林鐵道和林業興盛時，北門驛附近可是人聲鼎沸、蓬勃繁榮，當時周邊的建築和日式宿舍，都是檜木做的，北門驛也是。北門驛建造於一九一二年阿里山鐵道興建時，和我們一般看到現存的台鐵木造車站截然不同，特別雅致。北門驛前有一間歷史超過六十年的老旅社——玉山旅社，以前是北門驛前最受歡迎、生意也最好的旅社，目前的經營者正是南台灣最活躍的獨立書店洪雅書房的主人，在這裡可以喝咖啡也可以住宿。

1 阿里山鐵道園區裡的蒸汽火車　2 典雅的北門車站　3 檜意森活村裡近藤教練的家

沿著北門驛走到大馬路，正對面就可以看到目前嘉義市最受旅人喜愛的檜意森活村，這是二〇一四年才打造完成的聚落，總共有二十八棟日式木造歷史建築群，北邊之前是日籍基層職員的宿舍群，而南方一帶則是高級職等的官舍，從形式上可分為高級主管的一戶建、主管及眷屬的二戶建、眷屬宿舍的四戶建，以及單身宿舍的連棟建。

這些歷史建築在歷經四年整建後重現風華，不僅是台灣最早的林業村，也是目前保存最完整、範圍最廣的日式官舍建築群，以前俗稱檜町，走在這裡，隨處可以聞到檜木的香氣。

這些建物，也是電影《KANO》的拍攝場景之一，其中有一棟是特別知名且受歡迎的，就是電影裡的近藤教練家，展出了很多跟《KANO》有關的電影文物與照片，我們在這裡拍了好幾張和電影場景互相輝映的照片。另外還有一處市定古蹟——營林俱樂部，屬於當時台灣總督府營林局的休閒娛樂場所，建築風格仿造十七世紀英國都鐸式建築，顯得特別醒目漂亮。目前有不少商家在這些日式建築群中營業，可以好好安排一些時間走走逛逛。

這片檜意森活村的重建與整理，讓歷史建物得以完整保存，而透過這片聚落，也讓人們更清楚在台灣相當重要的阿里山林業開發生活史。不論是大人或孩子，穿梭在這一大片的時光建築中，拉門與關門之間，在檜木的香味之間，似乎也見證了時代的故事，也有機會讓這些故事不斷地傳承下去。

環島日記（台南篇）

永遠的技師八田與一。烏山頭水庫

「八田桑，你是日本人，為什麼要來台灣幫台灣人蓋水庫？」

「你看前方的海，有分日本或台灣嗎？」

之前上課時，曾經放過八田與一的動畫給學生看，那是我第一次完整地看到八田與一的故事，深深被打動，愛一塊土地真的和他是哪一國人沒有關係。

也一直想去八田桑蓋的烏山頭水庫看看，終於在帶洋單獨環島旅行時，與好友約好前往。烏山頭水庫於一九二〇年開始興建，設計者就是八田與一，歷經了十年的工程，犧牲了不少人力物力，在一九三〇年完工，是嘉南大圳最重要的水利工程，也是台灣最早的水庫系統，嘉南平原也因為有了烏山頭水庫的灌溉，從荒蕪之田變成良田，成為台灣最重要的大米倉。

這個水庫工程當時聞名亞洲，最艱難的工程為堤防岸壁送水口，以及埋通烏山嶺地下引水隧道，犧牲了不少人。八田為了這個工程，舉家遷到水庫旁，與工人們並肩合作，同甘共苦，也贏得了台灣人的尊重。當時因為完成了難度極高的烏山頭水庫，也使八田在日本的土木水利地位變得很高，後來更有「永遠的技師」之稱。

1 八田宅屬日洋混合式建築　2 秀麗的烏山頭水庫

烏山頭水庫風景區的範圍很大，走到水庫旁，會覺得這個水庫特別美麗，因為水庫中有一些長滿樹的小島，特別有生命力。烏山頭水庫因為形狀類似珊瑚，所以又稱為珊瑚潭。

八田與一晚年搭船時被美軍炸死，妻子在日本戰敗後也投身烏山頭水庫自盡，後來在烏水頭水庫北側建了兩人的墓地，幽靜宜人。我想，兩人可以在往生之後，一直望著這花了自己畢生心血和生命所完成的工程，周遭還有樹林圍繞，相信他們天上有知，也會感到滿意吧。在八田與一的墓碑前方，展示著一個小蒸汽火車頭，是當時運送水庫建材的小火車，洋為了看這個小火車，一直嚷嚷著。

烏山頭水庫裡還有一個八田與一和水庫的展示館，當天看到滿滿的日本人在裡面參觀，而我一直很想去的八田與一紀念園區，則在水庫外面。這個紀念園區正是當時興建水庫時，八田與部屬住宿的地方，本來已經荒廢，後來經過整建，而有了現在看到的紀念園區。園區裡有四棟日本宿舍建築，除了八田住的日式居所外，還有市川及田中宅，赤堀宅和阿部宅，每間建築的形式與樣貌大多大同小異，也都有寬廣美麗的庭院。這些宅邸中，只有八田宅開放供人入內參觀；八田家除了日式建築外，還有後來增建的洋樓書房，庭院裡還有一個如台灣島形狀的水池，是八田沉澱思考的地方。到紀念館參觀的人，很多都是日本人，不知道日本人又是怎麼看待這位留在台灣，為台灣奉獻一生的技師？

帶著滿滿的收穫，準備離開烏山頭水庫和八田與一紀念園區時才發現，原來烏山頭水庫還有一座親水公園，而且足以比擬水上樂園，很多台南人都專程帶孩子過來，於是我們也開心地加入玩水行列，為此行畫下圓滿句點。

環島日記（高雄篇）

火車快飛。駁二哈瑪星駁二線8又⅖月台

洋自從三歲時坐過高雄捷運之後，就一直念念不忘，直到獨自帶他環島，才又有機會讓他重溫舊夢。為了滿足這孩子搭乘高雄捷運的願望，高雄鐵定必須待上一晚；而當我們前往駁二特區時，也不預期地坐上了迷你可愛的小火車，算是給了洋這個小小鐵道迷一個驚喜。

在台灣各地那麼多老倉庫的再造與運用中，我想高雄駁二特區的老倉庫藝術改造，可算是翹楚；原本用來存放糖與魚粉的舊倉庫，經過了多年來的改造與藝術進駐，早已成為台灣藝術與生活結合的文創區中，最精彩的一個區塊。

駁二特區的倉庫區範圍相當大，雖然已經去過了幾次，還是會讓人想去，近日特別完成的哈瑪星倉庫展覽與小火車體驗，更是一個大驚喜；哈瑪星是高雄重要的歷史區域，鐵道更在這個區域佔有很重要的位置，因此才有了這個倉庫和體驗小火車的發想。

只要購買駁二護照手環，就可以搭乘這輛由電動蒸汽火車開動的精緻小火車，穿梭在駁二的倉庫與各個裝置藝術中。看到那個小火車的模樣以及軌道路線，別

1 小火車在駁二特區裡穿梭　2 駁二倉庫裡的藝術展　3 駁二特區裡的裝置藝術

說是洋了，連我都好想搭乘。進入了哈瑪星倉庫，簡單了解了哈瑪星的歷史後，就直奔等候的月台，坐上這輛可愛有趣的電動玩具小火車。

這玩具火車的搭乘感覺和特別視角，是很難得的體驗，穿梭在駁二倉庫四周的藝術創作之間，總覺得身邊的景物和藝術作品看來都與眾不同；可惜，這個小火車可能太熱門了，所以限搭一次，真是好想再多搭個幾次呀，洋也這麼說著。

憑護照手環，還可以去其他的倉庫觀看展覽，其實頗為超值。我們因為時間不夠，只看了一個亞洲當地藝術展；在偌大的老舊倉庫裡進行藝術展，怎麼樣都有很棒的氛圍和氣勢。

來到高雄，如果沒到駁二特區走走逛逛玩玩，真的不算到高雄旅行，這裡真的是台灣老空間藝術改造能量很強的地方。

環島日記（高雄篇）

美濃小鎮的回眸。中正湖日出

舒國治先生曾經在《台灣重遊》裡的一篇文章中說，如果要選一處台灣最美的家鄉，他會想到美濃，不論是美濃的自然、人文、巷弄、庶民的生活，都值得品嚐，它是保留著台灣山村田家最經典的一處地方。

我從未到過美濃，對美濃的了解大多只停留在是很有名的客家小鎮，紙傘和客家菜很出名，但看到舒國治寫到美濃時，說最吸引他的其實是「景」，那是美濃最令人感動不已的地方；他描寫美濃的山如屏風，永在眼簾，不遠不近；田如平鏡，永在腳邊，綠蔥蔥水汪汪。

因此環島時，就打算非得把美濃排進行程中不可，並且在美濃住上一晚。舒國治寫到了美濃周邊的群山，光是看文字就十足吸引人。那天抵達美濃時，已接近黃昏，我們住的民宿就在中正湖附近，當車子緩緩經過小小的市區，往民宿的方向前進時，眼前的景象就像膠卷一樣，舒國治先生的文字躍入腦中：田如平鏡，永在腳邊；山如屏風，永在眼簾，好一幅美濃風情畫。

當天住的民宿，正對面就是那個有趣的人字山，連綿出一列小山脈，像是玲瓏

1 中正湖的日出　2 美濃鎮上的小運河　3 從門匾上的字即可了解居住者的家世

有致的珍珠串，山的前面就是水田，就像舒老師說的美濃風景。

美濃的街道上有一條粄條街，賣的都是客家粄條，民宿老闆特別跟我們說了他們推薦的店家，晚上我們就到那裡飽餐了一頓，非常美味。

隔天一大早，民宿主人邀約我們六點前去散步，一向喜愛在鄉間起個大早的我，沒有浪費美濃的早晨，和民宿的主人到中正湖散步聊天；本來因為厚雲而不見的日出，慢慢地釋放出光芒，照耀在中正湖上，湖邊有許多居民在晨跑運動著，閃耀著美濃的時光歲月。我們一路聊著關於美濃水庫的事，遠方煙嵐的山脈間，就是當初要蓋美濃水庫的地方，所幸後來並沒有興建。美濃的早晨，迷濛至美。

有著傳統堂號形式的客家老屋，雖然已經消失不少，但仍有不少保留著，而永安老街和博愛路上的人家，也都保留著從前客家三合院長屋的形式，和閩南的三合院感覺很不同，使人很想走進去探訪。

我們到訪的時候，美濃東門城樓正在整修，無緣見面，而美濃紙傘對我們來說，也只是看熱鬧而已。我因為《笠山農場》而知道作家鍾理和是美濃人，這裡有鍾理和紀念館，而喜愛的交工樂團音樂人林生祥也是美濃人。這次因時間來不及而無法走訪鍾理和紀念館，不過也因此留著更多下次再訪的理由。

與美濃的短暫邂逅，雖然沒辦法好好深入走進每一個巷弄，不過那個美濃的晨間迷濛風景，像是一個帶有暗示的回眸，在我們心中留下了什麼。

環島日記（台東篇）

台東市親子旅行經典推薦

雖然很多人環島時，都會特意去自己沒去過的地方，不過對我來說，去台東卻是必要的事，而且還排了最多天，因為在台灣，這裡已經算是我的第二個故鄉。

每次到台東，幾乎都是沒有任何行程規劃，除了去探訪一些新的店家外，去的都是已經不知去過多少次的地方，尤其這次又帶著孩子，而這些地方都是城市裡沒有的遼闊地方，光是奔跑就夠了，更何況我們還特地帶了孩子的滑步車。而台東市附近，也有不少適合親子旅行的地方。

台東美術館：美術館有廣大的庭院，館內的展覽很小巧，小朋友可以輕鬆無負擔地觀看，另有互動的拼圖可以玩，外面還有一些裝置藝術，真是適合孩子的地方，所以每次帶孩子到台東時必去，而且光是停留在館外小葉欖仁的樹下，就覺得特別舒服。

台東故事館：有著巨大無比的榕樹爺爺、樹屋、大象溜滑梯，還有日式木造老屋，老屋裡有滿滿的童書與繪本，是一個帶孩子來，魚與熊掌都可以兼得的好地方。

琵琶湖夢幻的色彩宛如上帝的詩篇

海濱公園：台東的海濱公園適合騎車、看海、吃蔥油餅，真適合親子全家一起共享，如果要更親近海一些，可以到太平溪出海口，不過要注意安全。

舊鐵道：台東人最喜愛前往散步、運動的地方，一路從鐵道藝術村往機場方向，長達六公里。可以從鐵道藝術村開始，沿途經過鐵花村、台東誠品、藍晒圖、向後看齊、台東劇團、馬蘭車站、太平溪等，悠閒地帶著孩子散步、騎車，是非常理想的親子旅行景點。

1 海濱公園裡藝術與天地的對話

2 台東糖廠裡的大倉庫曾經作為台灣設計展的場地

森林公園和琵琶湖：很難想像在一個城市裡有這麼遼闊和美麗的公園與小湖，雖然現在這裡總是人滿為患，不過因為森林公園和琵琶湖，包含到鷺鷥湖的範圍，實在是太大了，儘管人多，還是覺得很舒服。到森林公園和琵琶湖，最適合的時間是一大早和傍晚，這個時間在這裡騎乘腳踏車奔馳最為享受，而清晨的琵琶湖最美。

台東糖廠：台東舊糖廠與倉庫雖然已不再使用，但是廣大的糖廠空間，及陸續進駐到倉庫裡的商家與文創店家，可以讓人悠閒地漫遊。糖廠旁就是舊鐵道，有舊馬蘭車站，孩子可以在這裡騎車玩耍。台東糖廠前幾年夏天曾辦過「台灣設計展」，藝術設計與舊糖廠倉庫的結合，搭配台東遼闊的天空，是我認為歷屆最迷人的一次「台灣設計展」。

史博館與卑南文化公園：史博館是全台灣最容易被忽略的國立博物館，相較於一些展出藝術作品的博物館，其實史博館可以認識台灣的誕生、史前的動植物，還有史前的文化與先人的生活等，我覺得更適合小孩，而館內也設計了相當多適合小孩體驗的活動。除了博物館內，外面的大空間也超適合小孩，還有卑南文化公園，都是值得帶小孩前往且寓教於樂的地方。

環島日記（花蓮篇）

魔幻林田山。摩里薩卡

在前往花蓮林田山之前，我唸了甘耀明的《邦查女孩》給家人聽，孩子對故事中阿美族女孩古阿霞非常有興趣，一直說到林田山一定要找她。

哥哥對故事裡古阿霞聽祖母說過的一個古老預言很喜歡，那預言說：剛死的鳥要是留著血，那意謂牠夢到自己還是植物的模樣。這時把牠埋入土裡，會萌芽成樹。

已經來過林田山很多次，終於在這次遇見了傳說中的邦查女孩——古阿霞。

她的年紀應該已經有七十多歲，但神情看起來卻是二十多歲邦查女孩的模樣，她和我們說著摩里薩卡的前世，說到以前林場的孩子都必須冒著生命危險，坐著流籠去山下唸書，後來她決定在山上辦學校，讓孩子留在山上唸書。

她帶我們來到森榮國小的門前，說著這所學校的由來，也講起了殺刀王帕吉魯的故事，沒有他，這個學校也無法成立。我聽到殺刀王的故事，想起了小學時，我們成日都以殺刀為樂的往事。

森榮國小的水泥大門，隱藏在許多長著巨大樹葉的大樹中，前方的階梯滿是巨

1 魔幻的摩里沙卡　2 林田山的火災紀念房舍

1

2

大的枯葉，每踩一步，就像是踩著時間的碎片前進，沙沙作響著。

眼前這大門與階梯的畫面，讓人想起了《百年孤寂》裡的畫面。古阿霞帶我們走進森榮國小，偌大的操場已經變成了停車場，只留下了司令台；旁邊的全檜木造的美麗中山堂，滿溢著檜木的香氣，裡面放映著摩里薩卡的故事。

森榮國小曾經是將近有五百人的學校，古阿霞說著許多建立時的記憶，說起了山林、動物、植物、樹木和小孩之間的故事。這些故事，她說三天三夜也說不完，但我們沒時間，只能等下次再來，看看是否能夠再幸運地遇見她。

一直以來，只要來到林田山林場，始終覺得這裡流露著與其他舊林場完全不同的氣息，有著一種特有的生命感。這裡曾經是台灣的第四大林場，一九一八年，日本就稱這裡為「森坂」（音近摩里薩卡），進行大量的伐木工作，後來陸續建立鐵道、索道、流籠等設施，也在林場設立了宿舍和各式各樣的場所與學校，極盛時，人口高達二千多人。

這些伐木的輝煌時期，一直到國民政府來台後仍在進行，後因為全面禁伐天然森林而停止，整個林田山也開始沒落，漸漸凋零消失。

我們離別了古阿霞之後，漫步在林場裡，到處都散發著時光與木頭交錯的光影，不論是舊鐵道、舊火車、各種木造房子與設施，都散布著歲月走過的足跡，好像每一個轉身，都可以遇見什麼似的。經過了單身宿舍，前方看似有著眷村氣息的康樂新邨，裡面有一處火災跡地和紀念意象，這是曾經發生森林大火的林田山痕跡。而森坂步道的入口，則讓人很想踏入步道一訪，前方就是森榮禮拜堂，不知現在還有沒有在使用？

臨去前，老婆被不知名的蟲咬了一口，古阿霞來和我們道別，看到了那處傷口，說那是南美洲的一種幸運蟲，被咬到的人會帶來好運，說不用擔心。不知下次再來林田山，是否還會遇到邦查女孩呢？這林場好像一座巨大的時光機器，一走進來，就會被整個吸進去，身體和靈魂都是。

環島日記（宜蘭篇）

絕美蘇花公路。東岳湧泉。粉鳥林漁港

結束了花蓮的行程之後，環島旅行也即將邁入尾聲，要走絕美又危險的蘇花公路返回台北。從南往北開蘇花，更可以感受到這條有著世界級景觀的道路之美，沿途讓人隨時隨地都想停下來，然而這畢竟不是一條想停就能停下來的道路呀。

走蘇花公路，一路都被眼前的美景震懾，不過看到這沿著懸崖和海洋建造的道路，也知道這樣的地形其實根本不適合建公路，破壞環境的成本很高，難怪每次颱風，蘇花公路就一定坍塌，而興建這條公路所要花費的成本與血汗也極高。

經過其中一段時，突然起了大霧、下起了雨，沒幾分鐘後又放晴，因為蘇花公路頗長，沿途的天氣變化也不小。

沿著蘇花公路返北，其實中途還有一個重要的目的地要去，那就是在東澳的東岳湧泉，這個在夏天相當多人推薦的地方。東岳湧泉在一九九〇年代剛挖出泉脈時，就曾吸引不少人前往露營戲水。

後因颱風沖擊，園區遭土石掩埋，現在的東岳湧泉是重新整理過的。這裡的泉水全年保持在１４到１６度，非常清澈沁涼，夏天來這裡泡水，簡直是天堂級的

1 絕美蘇花的色彩　2 東岳湧泉上方有舊鐵道經過　3 美麗的南方澳

享受。東岳湧泉上方有一個高架，正好是北迴鐵路經過的地方，邊泡水邊看火車，孩子很愛。

除了東岳湧泉，附近的粉鳥林漁港，則是個小巧又散發著寶石般光芒的小漁港，也值得一去。

蘇花公路到了南方澳，也接近尾聲，開車穿梭在公路時看到遠方的南方澳正閃耀著一種璀璨的光芒，隨著車子越來越近，光芒就越加閃耀。

在那裡等著我們的是鯖魚王，一隻閃閃發亮的鯖魚王子。

環島日記（東北角篇）

凝視福爾摩沙。金瓜石。十三層遺址

離開了不厭亭，往金瓜石方向奔去，眼下的山城與海景，迷濛得像是夢。

黑白與色彩並沒有改變事物存在的模樣，改變的只是光呈現的方式；死亡的氣息瀰漫著整座美麗島，孩子們都在談論如何讓壞人死去的方式。

我們站在山丘上，凝視著這起伏的丘陵、聚落、小鎮，以及那有些迷濛的遠方的海，突然很想流淚，想起了最近那個過世的、喜愛彈古箏的女孩，想著，孩子是否曾經在這個角度看過自己的島嶼？那個犯下大錯的殺人犯，也曾經在這裡看過這座島嶼嗎？

午後四點多的陽光已沒那麼刺眼，皮膚上的汗珠漸漸風乾，我望著腳下這座絕美的島嶼與山城，心中帶著哽咽，多麼美麗的島嶼，但人心卻在崩解。

我想起了已經過世的鄉下外公曾經跟我說過他年輕時在金瓜石挖礦的事，他說那時金瓜石的人像是沙丁魚一樣多，除了台灣人、日本人，甚至還有別的國家的人，都在這裡挖；後來接手金瓜石的礦公司，蓋起了新的浮選礦場（即今日的十三層遺址），甚至還架了輕軌從八斗子到金瓜石（深澳線的前身），礦場的人

1 金剛山與十三層遺址　2 迷濛夢幻的東北角　3 金瓜石的隧道

越來越多，蘊藏著大量金礦的沙子不斷從地底被運出；當時金瓜石被稱為亞洲第一貴金屬礦山。

我望著金瓜石的黃金瀑布，想起了外公說的事，如今這些往事都已成了流金歲月。

外公說，那時沒有人在睡覺的，每個人都想發財，因為挖到金礦的話，公司就會分紅給你。當時他最喜愛坐那個輕軌，從金瓜石到八斗子，而外公就是在八斗子認識外婆的。

礦坑裡也常常發生事故，死了不少人。

當時的浮選礦場，成了現在的十三層遺址，和一旁的金剛山，遺世獨立地守護著過往輝煌的時間。我不禁想著，會不會這些礦場其實仍用另一種方式正在運作，只是我們看不到而已。

我們爬上了陰陽海觀景台，海的顏色留下的是歲月的光澤吧。

想像中，我們一家人穿起了鳥人衣服，讓觀景台上的人都嚇了一跳；之後，我先跳了下去，老婆和洋洋也跟著一起飛了起來，我們看著這座島嶼和眼前的礦場遺跡，變成了一座金銀島。

ON MY TRIP

走自己的路

Life

窗外的風景

走自己的路

單身時，我嚮往一個人的旅行，從沒想過有一天會帶著家人與小孩，一起踏上旅途。在剛結婚的時候，對於帶孩子旅行這件事更是排斥，覺得孩子那麼小，什麼都不懂，何必帶去旅行，根本無意義。

然而，生命會不斷帶領你、給你啟示，當因孩子的一些特殊性以及不同生命的撞擊而開始踏上旅途，我才知道以前的自己只是個自私無知的人。那一次又一次的足跡與記憶，是我們生命總和的旅行地圖，任何細節都可能是不可或缺的拼圖。

從單人的旅行，到與家人帶著孩子去旅行，一路上，我從孩子身上所學到的東西，遠超過我原本所知道的；我們一起望著窗外的風景，只要在一起，即使什麼都沒做，依然可以感受到彼此之間無可取代的默契，那是家人間最深的詩意。

每個家庭都有這樣的詩意吧，那是獨一無二的，不需要模仿別人，只要相信彼此，願意一起走出去，就能形成自己的路。藉由家人與孩子間一次次的旅行，那都是一道道在夜空的星軌，是一次次了解生命密碼的機會，那是家人間最大的祝福與陪伴，在旅途上，為彼此畫出一道道彩虹。

每個孩子心中都有一個駕駛員

前往桃園機場的最遠旅途

捷運。高鐵。巴士。航廈電車

旅行對於每個人來說，大概都是為了某個目的地，不論用什麼方式前往，也都希望可以用最快的方式抵達，鮮少人會只是因為要換乘不同的交通工具，用最遠或最慢的方式前往或抵達，但我們家有個特別的孩子，以搭乘交通工具為樂，轉換了許多我對旅行的看法。

在台灣，會前往桃園機場，一定都是因為要出國或接機，一般人不太可能無聊沒事去機場，但這次我們家的目的地卻正是機場，為了坐一個機場才特有的交通工具。

當我跟洋說，我們要坐捷運、高鐵、高鐵機場接駁巴士去機場，然後要去坐機場的航廈電車時，洋就一直非常期待，巴望著什麼時候可以出發。這是我們一家四口第一次去機場，但並不是為了要出國，而是為了換乘許多不同的交通工具，我們選擇了最遙遠的旅途方式。

我們從搭乘捷運開始。大概是因為早知道這是一趟以交通工具為主的旅程，所以搭上捷運之後，感官也更加敏銳，對於平時習以為常的捷運各角落，也忍不住

1 搭上往桃園的高鐵　2 孩子到了機場就盯著航班面板研究　3 來回坐了好多次的航廈電車

多了一些觀察。到了台北車站，洋興奮地往高鐵的方向奔去，我們聽到了即將出發的高鐵鳴叫聲，匆匆上了車，這是弟弟第一次坐高鐵，他三個多月了，比洋小時候還早坐高鐵。

從台北坐高鐵到桃園，真的一晃眼就到了，車廂裡每個人都作著不同的夢。老樣子，我們下車後，在月台上目視著高鐵離開。

這是第一次到桃園高鐵站，車站不大，一下子就看到轉往機場巴士的指標。肚子餓了，看到車站內竟然有一風堂拉麵，當天的天氣讓人好想來一碗，但裡面已經排滿了人龍，倒是一風堂的裝潢令人印象深刻。

沒有拉麵可吃，只好買高鐵便當，帶著便當，前往機場巴士的候車站，我們沒帶任何行李，要上車時，司機還和我們確認是要到機場嗎？

到了機場第一航廈，因為剛出了京都的新書《癒。旅。京都》，我帶著書，拍了偽出國的照片，傳到網路上，想不到許多人都信以為真。

我們看著來來往往、要出國旅行的人，雖心生羨慕，但我們的目標是航廈電車。我們往航廈電車的指標奔去，期待看到它的模樣，洋則一路狂奔。終於到了等候航廈電車的地方，我們等待著。

不久，小小可愛的航廈電車進站了，我們興奮地坐了上去，感覺很奇妙，因為我們並不是為了要去另一個航廈，而是為了坐上這台車子。兩個航廈距離很近，一下子就到了，洋很不甘心，一直問為什麼只有一站？

我忙著跟他解釋，接著就在第二航廈的航廈電車等候處的坐椅上坐了下來，享用了我們小小的午餐。洋只要看到有航廈電車來，就會跑過去看。

已有好一陣子沒來第二航廈，結果遇到了滿滿的中國遊客，只好趕快落荒而逃。

航廈電車又坐了幾回，回程時，我們選擇搭機場巴士回台北，天空在寒風中下起了細雨，洋一上車就睡著了。

我知道這是一種只有我們家才懂的旅行，也是我們家獨一無二的旅行，超越了時間和距離，但卻充滿了一家人的幸福與跟隨。

生活・台灣　旅行 12

在時間隙縫裡的親子旅行

作者　蕭裕奇
發行人　魏淑貞
出版者　玉山社出版事業股份有限公司
台北市 106 仁愛路四段 145 號 3 樓之 2
電話　(02)27753736
傳真　(02)27753776
電子郵件地址　tipi395@ms19.hinet.net
玉山社網站網址　http://www.tipi.com.tw
郵撥　18599799 玉山社出版事業股份有限公司

責任編輯　蔡明雲
地圖 & 封面繪圖　陳潤芃
內文編排 & 封面設計　Piecefive
行銷企劃　侯欣妘
法律顧問　魏千峰律師
製版印刷　松霖彩色印刷有限公司
定價　新台幣 399 元
初版一刷　2016 年 10 月

國家圖書館出版品預行編目（CIP）資料

在時間隙縫裡的親子旅行 / 蕭裕奇 著 .
– 初版 .– 台北市 : 玉山社 ,
2016.10
面 ; 公分 .–
（生活・台灣・旅行 ; 12）
ISBN 978-986-294-139-3（平裝）
1. 台灣遊記　2. 親子
733.6　105018572

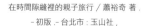

在時間隙縫裡的親子旅行